Sicher ist sicher. Bei aller Sorgfalt, die wir in der Recherche haben walten lassen, können sich Öffnungszeiten auch einmal kurzfristig ändern, oder ein Lokal ist gerade in Ihrer perfekten Provence-Woche ausgebucht oder geschlossen. Darum empfehlen wir grundsätzlich möglichst weit im Voraus zu reservieren. Ein kurzer Anruf genügt und Sie können sicher sein zur vereinbarten Zeit einen Platz zu finden.

© Süddeutsche Zeitung GmbH, München
für die Süddeutsche Zeitung Edition
in Kooperation mit smart-travelling GbR, Berlin
Reihe „Eine perfekte Woche …"

Idee und Redaktion: Nancy Bachmann, Nicola Bramigk
Texte: Sabine Danek
Fotos: Florence Haferl
Gestaltung und Illustration: Verena Bettin

Projektmanagement: Michaela Adlwart, Sabine Sternagel
Litho: Matthias Worsch
Herstellung: Thekla Neseker, Hermann Weixler
Druck und Bindung: Kessler Druck + Medien, Bobingen

1. Auflage 2011

ISBN: 978-3-86615-851-1

SMART TRAVELLING

EINE PERFEKTE WOCHE ...
IN DER PROVENCE

LIEBLINGSADRESSEN IN DER PROVENCE

Café/Bar:
Les Deux Garçons
53, Cours Mirabeau, Aix-en-Provence
Tel: 0033 (0)4 42260051
Seite 44

LUBERON
Seite 52

Hotel:
Maison Valvert
Route de Marseille, 84480 Bonnieux
Tel: 0033 (0)4 90756171
Seite 54

Restaurant:
La Petite Maison de Cucuron
Place de l'Etang, 84160 Cucuron
Tel: 0033 (0)4 90682199
Seite 60

Aktion:
Château la Dorgonne
Rte. de Mirabeau, D135, La Tour d'Aigues
Tel: 0033 (0)4 90075018
Seite 66

Aktion:
Ausflug nach Lourmarin
Seite 72

VOM LUBERON IN
DIE SORGUE
Seite 76

Hotel:
Au Ralenti du Lierre
Village des Beaumettes, 84220 Gordes
Tel: 0033 (0)4 90723922
Seite 78

Hotel:
La Bastide de Voulonne
Quartier Voulonne, Cabrières d'Avignon
Tel: 0033 (0)4 90767755
Seite 86

Aktion:
L'Isle-sur-la-Sorgue und Antiquitäten
Seite 92

Restaurant:
Le Jardin du Quai
91, av. Julien Guigne
Tel: 0033 (0)4 90201498
Seite 100

Café/Aktion:
Café de France
14, pl. de la liberté, L'Isle-sur-la-Sorgue
Tel: 0033 (0)6 78667275
Seite 108

Hotel:
Le Mas des Grès
Route d'Apt RD 901, 84800 Lagnes
Tel: 0033 (0)4 90203285
Seite 114

SAINT-RÉMY UND
DIE ALPILLES
Seite 120

Hotel:
La Maison du Village
10, rue du 8 Mai 1945, 13210 Saint-Rémy
Tel: 0033 (0)4 32606820
Seite 122

Hotel/Restaurant:
Château des Alpilles
Rte. départementale 31, Saint-Rémy
Tel: 0033 (0)4 90920333
Seite 126

Restaurant:
Chez Xa
24, boulevard Mirabeau, Saint-Rémy
Tel: 0033 (0)4 90924123
Seite 132

Aktion:
Shopping in Saint-Rémy
Seite 140

Restaurant:
Le Bistrot du Paradou
57, av. de la vallée des Baux, Paradou
Tel: 0033 (0)4 90543270
Seite 144

Restaurant:
Prévôt
353, avenue du Verdun, Cavaillon
Tel: 0033 (0)4 90713243
Seite 150

Hotel:
Le Mas de la Rose
Route d'Eygalières, 13660 Orgon
Tel: 0033 (0)4 90730891
Seite 158

AVIGNON
Seite 164

Hotel/Restaurant:
La Mirande
4, place de la Mirande, 84000 Avignon
Tel: 0033(0)4 90142020
Seite 166

Aktion:
Markttour
Les Halles d'Avignon, 84000 Avignon
Seite 174

☞ Weitere Adressen finden Sie unter www.smart-travelling.net

Restaurant:
Le Grand Café
4, rue des Escaliers Ste-Anne, Avignon
Tel: 0033 (0)4 90868677
Seite 176

ARLES UND CAMARGUE
Seite 180

Hotel/Restaurant:
Grand Hotel Nord-Pinus
Place du Forum, 13200 Arles
Tel: 0033 (0)4 90934444
Seite 182

Aktion:
Bummel durch Arles
Seite 192

Restaurant:
La Chassagnette
Domaine de l'Armellière, Le Sambuc
Tel: 0033 (0)4 90972696
Seite 198

GUT ZU WISSEN
Tipps, Ausflüge,
Spaziergänge
Seite 209 – 240

VIVE LA PROVENCE

Denkt man an die Provence, ziehen Abendessen unter freiem Himmel am inneren Auge vorbei und der Duft von Lavendel durch die Nase. Man hört den Mistral durch die Wälder rauschen, wird vom leuchtenden Blau des Lavendels geblendet und vom strahlenden Gelb der Mimosenfelder. Das Lieblingsziel des Bildungsbürgertums, der bodenständigen Gourmets, der Kunstinteressierten und Naturliebhaber ist von umwerfender Authentizität und scheint von der Moderne wenig berührt. Natürlich hat sich gutes Design seinen Weg gebahnt, gestylte Hotels, lässige Restaurants, aber immer behutsam und eng verbunden mit dem bereits Vorhandenen. Man schläft in alten Gemäuern, sitzt in schönsten Tulip Chairs, shopped bei Christian Lacroix und kauft auf Märkten ein, die so berühmt sind, dass Gilbert Bécaud sie in einem Chanson besang.

Von wo bis wo sich die Provence genau erstreckt, ist umstritten. Und während sich findige Landvermesser den Kopf darüber zerbrechen, lehnen die Provenzalen sich gemütlich im Café zurück, nippen am Pastis und überlassen den anderen das Grübeln über die unwichtigen Dinge des Lebens. Unumstritten aber ist die Schönheit der Provence – und ihre kontrastreiche Landschaft: die tellerflache Camargue, die Obstplantagen bei Avignon, die karge Haute-Provence und der wildromantische Luberon.

Sie ist der größte Gemüse-, Obst- und Kräuterlieferant Frankreichs. Dort werden die meisten Oliven geerntet und das beste Öl gepresst. Der Lavendelhonig ist genauso einzigartig wie der Ziegenkäse, die Lammwürstchen und natürlich die Trüffel. Es lebe die Provence!

AUF DEM WEG IN DIE PROVENCE

Fliegt man in die Provence, kommt man meistens in Marseille oder Nizza an. Langsam kann man sich von dort aus mit dem Mietwagen auf den Weg ins Landesinnere machen, von der Autobahn auf die Landstraße, durch die ersten Dörfer, an zahlreichen Weingütern vorbei. Die Vegetation wird dichter, die legendären provenzalischen Wälder mit ihren Kiefern, Zedern und Zypressen werden größer, dazu Platanen-Alleen und Olivenbäume, Bambus und im Frühling herrlichste Blumenwiesen, Sonnenblumenfelder, Mimosen so weit das Auge reicht. Und natürlich Lavendel. Auch hier ist der Weg durchaus das Ziel. Es lohnt sich, immer wieder von der Schnellstraße abzufahren, denn kaum hat man sich versehen, breitet sich vor einem die schönste provenzalische Kulisse aus, mit sanften Hügeln und alten Gemäuern.

Fährt man von Nizza in Richtung Arles sollte man auf jeden Fall in dem legendären Trüffelrestaurant „Bruno" einen ausgiebigen Zwischenstopp einlegen. Kommt man aus Marseille, ist Aix-en-Provence wegen seiner Kulturhistorie mit Cézanne, Zola und Picasso ein schönes erstes Ziel. Oder man fährt von Marseille in Küstennähe Richtung Arles und über Martigues. Zwar ist das „Venedig der Provence" nicht mehr das romantische Fischerstädtchen von einst und man muss sich längst durch ein Industriegebiet kämpfen, um dorthin zu gelangen, dennoch ist es pittoresk, wie sich Wasserwege durch das Städtchen ziehen, sich kleine Brücken darüber wölben und Boote durch die Wassergassen tuckern.

Hôtel des 2 Rocs
★ ★ ★

HÔTEL DES 2 ROCS

Ganz oben auf einem Hügel liegt das Hôtel des 2 Rocs gegenüber von einem riesigen gespaltenen Felsen, der dem Bed & Breakfast seinen Namen gab. Ein erstaunlicher Ort und es wundert nicht, dass der Surrealist Max Ernst 20 Jahre lang ein paar Häuser weiter wohnte. Auch Julie und Nicolas waren vom Place Font d'Amont sofort bezaubert und von dem Haus, das sie seit 2005 hegen und pflegen. Dort wohnen sie mit ihren Kindern und dort heißen sie die Gäste sehr persönlich willkommen. Im Treppenhaus hängt das Hochzeitsbild von Nicolas' Großmutter und die 13 Zimmer sind allesamt mit Erbstücken eingerichtet. Lauschig geht es auch auf der großen Terrasse zu, in deren Mitte ein alter Brunnen plätschernd den Roséwein kühlt. Hier wird Frühstück und Abendessen serviert. Ist es zu kalt, nimmt man drinnen unter den barocken Food-Fotografien von Julies Vater Platz. Die Atmosphäre ist intim, wird einzig von wohligem Klappern aus der offenen Küche untermalt und ein Handyklingeln wirkt hier wie ein Signal aus einer anderen Welt. Viel schöner ist, sich mit den anderen Gästen zu unterhalten und sich dabei von Chefkoch David Carré umsorgen zu lassen – mit Variationen von Tomate, darunter köstlich grüne mit geräuchertem Fisch, Foie Gras mit Feigen, Lammcarreé mit Getreide und zum Nachtisch warmem Schokoladenkuchen, der cremig zerfließt. Rundum glücklich steigt man anschließend die windschiefen Treppen hinauf und schläft unter einem Baldachin selig ein.

Hôtel des 2 Rocs Adresse: 1, place Font d'Amont, 83440 Seillans
Tel: 0033 (0)4 94768732 Internet: www.hoteldeuxrocs.com
Preise: DZ ab 73 Euro, Frühstück 13 Euro

Ein Gespräch mit Julie und Nicolas Malzac-Heimermann

Besitzer des Hôtel des 2 Rocs

Ihr Haus wirkt, als blicke es auf eine lange Geschichte zurück.

Ja, der Lord von Seillans, Scipion de la Flotte d'Agoult, hat es im 16. Jahrhundert bauen lassen. Später wechselte es mehrmals den Besitzer, bis eine Pariserin es 1973 kaufte und komplett neu einrichtete. Und das ganz im Stil der Zeit, in psychedelischen Farben und mit viel Plastik. Sie hat nie etwas verändert und wir haben wirklich gestaunt, als wir das Haus besichtigt haben.

Davon ahnt man heute nichts mehr.

Ja, wir haben es komplett renoviert, neu eingerichtet und wir arbeiten noch immer daran, dekorieren um, erhöhen den Komfort der Zimmer. Das Hôtel des 2 Rocs ist kein Standardhotel, unsere Kinder spielen in der Lobby und unser Hund liegt an der Rezeption. Es ist individuell und persönlich, genau wie wir es mögen.

Sie waren vorher in Paris und haben sich aufs Land zurückgezogen.

Wir sind ja nicht wirklich auf dem Land, sondern in Seillans, das zu einem der schönsten Dörfer Frankreichs gewählt wurde. Hier können wir unseren Traum verwirklichen und das mit einem jungen Team. Keiner ist älter als 35 und die Atmosphäre bei uns ist der wahre Luxus, die Ungezwungenheit, Herzlichkeit und Echtheit.

Und Sie bedienen auch selber im Restaurant?

Ja, das ist uns wichtig. Es geht uns nicht um einen Stern, sondern darum, dass die Stimmung stimmt, die Zusammenstellung des Menüs, die Zutaten. In das Hôtel des 2 Rocs verirrt man sich nicht zufällig, dafür liegt es zu abgelegen. Man kommt, weil man möchte.

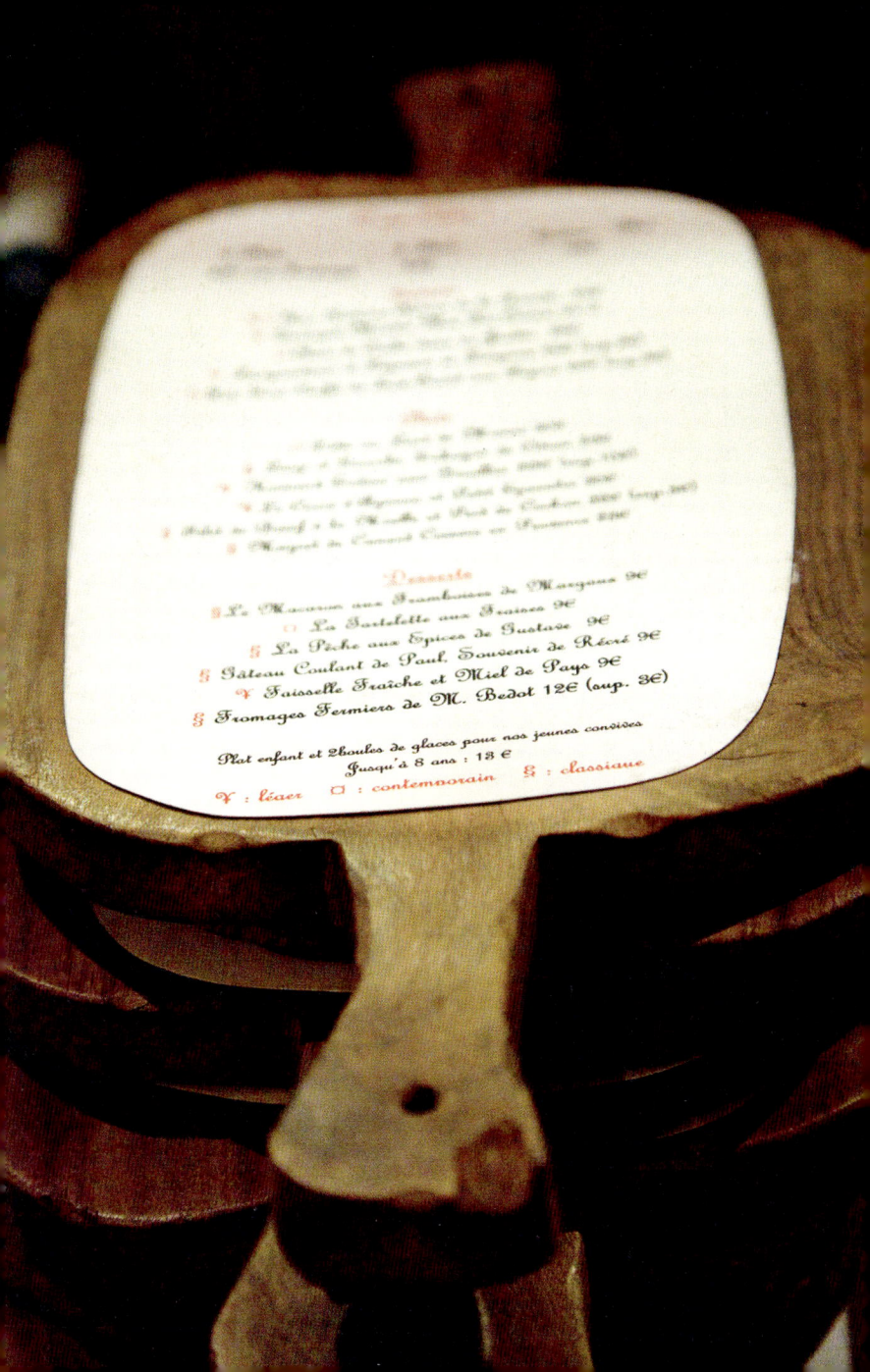

☞ Café Tilleul Citron – Salon de Thé

Nur ein paar Schritte vom Hôtel des 2 Rocs den Berg hinunter liegt das kleine Café Tilleul Citron, an dem sich ein kleines Flüsschen entlang schmiegt. Eingerichtet ist es nicht besonders aufregend, die Lage an dem plätschernden und grün umrankten Flüsschen ist aber besonders schön – und man kann zwischen 30 verschiedenen Sorten Tee wählen. Dazu werden kleine Snacks und hausgemachte Kuchen serviert. Die Spezialität des Tilleul Citron: hauchdünn gebackene Zitronentarte.

Adresse: Rue de l'Hospice, 83440 Seillans, Tel: 0033 (0)4 94504764
Öffnungszeiten: Im Winter 8.30 – 19.00 Uhr, im Sommer Montag – Freitag 8.30 – 19.00 Uhr, Samstag – Sonntag 8.30 – 21.00 Uhr, Mittwoch geschlossen

BRUNO

Der Olymp für Trüffelliebhaber! Und auf ihm thront Clément Bruno höchstpersönlich. Wie der Don Corleone des Trüffels sitzt er im Schatten seines Restaurants und hat fest im Blick, wie ein Heer von Kellnern die Gäste verwöhnt. Auf der sonnenbesprenkelten Terrasse des Familienbesitzes mit Statuen und Trompe-l'oeil bemalten Wänden serviert es Köstlichkeiten, bei denen die *divines tubercules*, die göttlichen Knollen, die Hauptrolle spielen.

Die 6-gängigen Menüs berechnen sich nach der Art des Trüffels, kosten zwischen 65 Euro mit dem *truffe fraîche tuber aestivum* und 200 Euro mit dem legendären Alba Trüffel. Köstlich der Aperitif aus Roséwein und Grapefruitsaft und das Amuse-Gueule aus geröstetem Weißbrot mit Olivenöl und geriebenem Trüffel. Es folgen eine Champignonsuppe mit Foie Gras und Trüffeln, handgemachte Fettuccini mit Alba Trüffel, Täubchen-Pastete (natürlich mit Trüffeln) oder wahlweise zartes Rinderfilet mit Steinpilz- und Trüffelgarnitur. All das isst man mit Silberbesteck mit Trüffel-Gravur verziert auf Tellern mit Trüffel-Dekor.

Im Hintergrund untermalt ein plätschernder Brunnen das Treiben, während man im herrlichsten Licht ganz entspannt und stundenlang sitzt und gar nicht genug bekommen kann.

Wer sich völlig der Trüffelei ergeben möchte, der kann eines der fünf Zimmer bei Bruno mieten (ab 200 Euro), die direkt beim Restaurant liegen.

Bruno Adresse: Campagne Mariette, 2345, route des Arcs, 83510 Lorgues
Tel: 0033 (0)4 94859393 Internet: www.restaurantbruno.com
Öffnungszeiten: Dienstag – Samstag 12.30 – 14.30 Uhr, 19.30 – 21.30 Uhr
Sonntag 12.30 – 14.30 Uhr, Mitte Juni – Mitte September: Montag geöffnet

Ein Gespräch mit Clément Bruno und Sohn Samuel
Besitzer des Bruno

Ihr ganzes Leben scheint sich um Trüffel zu drehen. Wissen Sie noch, wann Sie Ihren ersten gegessen haben?

Das weiß ich ganz genau. Als kleiner Junge war das. Ich bin in sehr armen Verhältnissen aufgewachsen, nur mit meiner Mutter und Großmutter. Jeden Tag mussten die beiden Frauen putzen gehen und wenn sie nachmittags um vier nach Hause kamen, gab es Toast mit Rührei und Trüffeln für mich. So schlicht wie köstlich und seitdem sind sie meine Leibspeise.

So sehr, dass Sie ein Trüffelrestaurant eröffnet haben.

Genau und zwar in dem Haus meiner Urgroßmutter. Das hier ist alles Familienbesitz und auch sonst sehr heimelig. Erst hab ich hier für Freunde gekocht, dann wurde die Nachfrage immer größer und 1983 hab ich dann das Restaurant eröffnet.

Und sind schon lange berühmt dafür.

Na ja, berühmt ist übertrieben. Aber viele Gäste sind es: DiCaprio, De Niro und Al Pacino, Brad Pitt, Johnny Depp, Sophia Coppola und Sarkozy haben hier gegessen. Wir lieben den Kontakt zu allen und freuen uns insbesondere, wenn Kinder kommen. Die persönliche Note ist uns das Wichtigste.

Was ist das Besondere an Trüffeln für Sie?

Der Geruch, mit dem sie sich ankündigen, und dann dieser erdige, einzigartige Geschmack.

Welches ist Ihr liebstes Trüffelgericht?

Trüffel lieben das Schlichte. Deshalb esse ich sie am liebsten einfach nur über Kartoffeln oder Nudeln gerieben. Ein Fest für mich! Bis heute.

☞ Dem Trüffel auf der Spur

Trüffel sind eigensinnige Pilze. Sie lassen sich nur schwer anbauen, wachsen vor allem dort, wo sie wachsen möchten – und das in immer geringerer Menge. Der ertragreichste Ort der Welt ist bis heute das provenzalische Departement Vaucluse. In den Eichenwäldern am Fuße des Mont Ventoux gedeiht *rabasse*, wie er in der Provence genannt wird, noch immer. Die meisten der Trüffel stammen heute aus Hainen, die aus mit Sporen infizierten Eichen bestehen. Allerdings dauert es ganze zehn Jahre, bis die erste bescheidene Ernte möglich ist. Der Höhepunkt der Trüffelsuche ist von Mitte Januar bis Mitte Februar. Die gefräßigen Schweine, die sich beim Aufspüren der Schätze diese immer mal wieder selbst einverleibt haben, sind dabei längst von Trüffelhunden und von der menschlichen Erfahrung abgelöst worden. In der Provence gilt der Markt von Carpentras als der beste. Samstagmorgen ist die Dorfstraße in Richerenches der Nabel der Trüffelwelt. Der Preis für ein Kilo Trüffel liegt bei 600 Euro, ist abhängig von dem Ertrag und äußerst variabel. Die Trüffel bleiben am Anfang in der Erde, die sie umgibt, denn gewaschen verlieren sie ihr Aroma binnen 24 Stunden. Wollen Sie Trüffel mitnehmen, sollten Sie sie geputzt in Sonnenblumenöl einlegen und kühlen. So halten sie sich am besten.

☞ Trüffel-Sorten in der Provence

Tuber aestivum: wird im Sommer gesammelt, sieht dem schwarzen Trüffel ähnlich, schmeckt aber wesentlich fader.

Tuber brumale: ist gleichzeitig mit dem schwarzen Trüffel reif, hat ein weniger dichtes Adergeflecht und schmeckt weniger intensiv.

Tuber melanosporum: auch „Périgord-Trüffel" genannt. Er ist schwarz, von dünnen Venen durchzogen und sein Geruch erinnert an Moschus und Lorbeer.

AIX-EN-PROVENCE UND UMGEBUNG

Auf die Nachfrage, wo man in Aix-en-Provence richtig gut essen gehen kann, hat nicht nur Eric Sapet vom La Petite Maison in Cucuron die Schultern gezuckt. Auch andere Küchenchefs konnten sie uns nicht beantworten.

Die fehlenden kulinarischen Genüsse – natürlich kann man in dem hübschen Barockstädtchen gut, aber eben nicht exorbitant essen – macht es durch künstlerische Delikatessen wett. Voller Pracht ist ein Spaziergang durch die Altstadt, vorbei an den Adelspalästen und zum Cours Mirabeau. Tout Aix flaniert den Boulevard entlang – oder schaut den anderen dabei zu. Schon Cézanne und Zola haben das getan, Albert Camus, Edith Piaf und und und – auf der Terrasse des Cafés Les Deux Garçons und mit einem Drink in der Hand. Die Prachtstraße hat perfekte Proportionen und ist auf seltsame Weise eng mit der Zahl Vier verbunden: Sie ist 440 Meter lang, 42 Meter breit, hat vier Springbrunnen und 1651 wurden 44 Platanen angepflanzt, um sie zu säumen. Gleichzeitig ist das Universitätsstädtchen ein quirlig junger Ort mit vielen Bars, Kinos, Theatern – und dem Musikfestival d'Aix-en-Provence. Seit über 60 Jahren finden im Sommer im Hof des Erzbistums und an vielen anderen Orten der Stadt klassische Konzerte und Opern statt. Fährt man aus Aix heraus, kann man nicht nur den Sainte-Victoire, den Berg, den Cézanne so häufig malte, in seiner Schönheit und aus den unterschiedlichsten Perspektiven sehen, sondern auch das Schloss Vauvenargues, in dem Picasso lebte und wo er heute begraben ist.

RELAIS MAGDELEINE

Erst fährt man durch ein Industriegebiet und dann traut man seinen Augen kaum. Denn auf der Suche nach verblichenem, hochherrschaftlichem Charme ist man auf diesem Anwesen wirklich am Ziel. Abseits der A 52 gelegen, wirkt das Relais wie ein Kokon aus einer anderen Zeit. Im 18. Jahrhundert hat der Marquis d'Albertas hier gelebt, dann diente es als Kriegshospital, bevor es die Familie Marignane 1932 in ein Hotel verwandelte. In Zimmerfluchten reihen sich eine Bibliothek mit schönsten Lederbänden, Esszimmer mit Gobelins und ein Wohnzimmer mit prasselndem Kamin aneinander, an dem der Hausherr spätabends gerne noch mal das Feuer schürt und einen Verbenetee serviert. An den Wänden hängen Gemälde aus dem Familienbesitz und geht man die ausgetretenen windschiefen Treppen hinauf, finden sich auf den verwinkelten vier Etagen ebensolche Zimmer. Hat man am Abend noch bei Kerzenschein in den verspielten Eisenmöbeln auf der Terrasse gegessen, huscht am Morgen ein Heer weißbeschürzter Kellnerinnen umher, um die Tische mit köstlichen Croissants zu decken und Kaffee im Silberkännchen zu servieren. Die frischen Früchte und anderen Köstlichkeiten werden an einem Buffet angeboten und damit man diese verwunschene Welt auch am Abend nicht verlassen muss, kann man im Restaurant vorzüglich essen. Dort kocht Philippe, der Sohn des Hauses, persönlich, während sein Bruder mit ihrer Mutter die Geschäfte führt.

Relais Magdeleine Adresse: Rond-Point de la Fontaine, 13420
Gémenos – Bouches-du-Rhône Tel: 0033 (0)4 42322016
Internet: www.relais-magdeleine.com
Preise: DZ ab 120 Euro, Frühstück 15 Euro

LA PAULINE

In der Villa, die hoch oben über Aix-en-Provence liegt, hat Pauline Bonaparte (1780 - 1825), Herzogin von Guastalla, Lieblingsschwester von Napoleon und eine der skandalumwittertsten Frauen ihrer Zeit, einst ihre Liebhaber empfangen. Bis heute kann man sich vorstellen, wie die üppige Schönheit mit ihnen zwischen den Statuen, die den großen Park säumen, flanierte – am Neptunbrunnen entlang, durch den kleinen Irrgarten und immer mit Blick auf die grün bewaldeten Hänge und die Stadt, die in der friedlichen Abgeschiedenheit Lichtjahre entfernt scheint.

An die Gegenwart erinnert der große moderne Pool, der oben im Park zum Schwimmen einlädt – und die komfortabel eingerichteten Zimmer, von denen jedes eine eigene Terrasse hat. Sie liegen neben der Villa, in der die Familie Lunt lebt, sind hell, sehr provenzalisch und luxuriös eingerichtet, mit viel Holz, Sesseln im modern-barocken Stil, satten Farben und frischen Rosen auf den Holzkommoden.

Nur drei Kilometer ist Aix-en-Provence entfernt, doch man kann in der großen Parkanlage ganze Tage verbringen und an den herrlichsten Stellen ausspannen: unter den Platanen, auf den lauschigen Terrassen, in den Lauben und auf den Feldern, die sich hinter dem Anwesen entlangziehen. Eine Oase, durch die das Flair des 18. Jahrhunderts weht.

La Pauline Adresse: Les Pinchinats, 280, Chemin de la Fontaine des Tuiles,
13100 Aix-en-Provence Tel: 0033 (0)4 42170260
Internet: www.lapauline.fr Preise: DZ ab 150 Euro

LES DEUX GARÇONS

In diese Brasserie geht man nicht wegen des Essens, sondern wegen der Lage am Pracht-Boulevard Cours Mirabeau – und ihrer Geschichte, die von Berühmtheiten nur so wimmelt. Schon Cézanne und Émile Zola haben sich hier die Zeit vertrieben, Hemingway hat den ein oder anderen Drink genommen, Jean-Paul Sartre war da, Marlene Dietrich, Edith Piaf, Belmondo und Churchill. Entweder haben sie inmitten des goldenen Spiegeldekors gesessen oder draußen auf der Terrasse mit Blick auf die zweireihige Platanenallee und die Springbrunnen, die den Cours Mirabeau zu einem der schönsten Boulevards Südfrankreichs machen. 1650 wurde er für Kutschen gebaut, wird heute von Shops, Cafés und Restaurants gesäumt und ist das gesellschaftliche Herz der Stadt. Dass der Bürgersteig gleich doppelt so breit wie die Fahrbahn ist, zeigt, dass das Flanieren hier oberste Priorität hat. Damit vergnügen sich angeheiterte Touristen ebenso wie hingebungsvoll knutschende Teenies und die Hautevolee der Stadt. Nehmen Sie einen Pastis im Les Deux Garçons, das nach zwei Kellnern benannt wurde, die es 1840 übernahmen. Oder wagen Sie das Abenteuer eines Salade Paul Cézanne mit grünen Bohnen, Huhn, Tomate und Currysauce. Lassen Sie das bunte Treiben genüsslich an sich vorbeiziehen – und ärgern Sie sich ja nicht über die Garçons, die berühmt-berüchtigt für ihren Unmut sind. Am Abend treffen sich Jazz-Liebhaber in der schummrig beleuchteten Piano-Bar im ersten Stock.

Les Deux Garçons Adresse: 53, Cours Mirabeau, 13100
Aix-en-Provence Tel: 0033 (0)4 42260051 Internet: www.les2garcons.fr
Öffnungszeiten: Täglich 7.00 – 23.00 Uhr

☞ Le Grillon

Ein paar Häuser vom Les Deux Garçons entfernt und ebenfalls direkt am Cours Mirabeau gelegen, ist Le Grillon der Ort, wo sich das eher junge Aix-en-Provence trifft. Trubelig und sehr atmosphärisch geht es drinnen und auf der Terrasse mit gutem Blick auf die Flaniermeile zu. Bis 23 Uhr wird eher mittelmäßiges Essen serviert. Doch Sie können auch einfach nur einen Drink ordern und die Welt dabei gemütlich an sich vorbeiziehen lassen.

Adresse: 49, Cours Mirabeau, 13100 Aix-en-Provence
Tel: 0033 (0)4 42275881
Öffnungszeiten: Täglich 7.00 – 24.00 Uhr

☞ Auf den Spuren von Paul Cézanne

Der Maler Paul Cézanne, 1839 in der Rue L'Opéra geboren und 1906 in der Rue Boulegon gestorben, ist der berühmteste Sohn der Stadt. In- und außerhalb von Aix gibt es mehrere Routen, die durch sein Leben und an seinen Bildmotiven entlangführen: vom Geburtshaus über das Café Les Deux Garçons, Cézannes diverse Wohnstätten, die Zeichenschule, in der er gelernt hat, und die Wohnung seines wichtigsten Förderers Gasquet bis zum Friedhof Saint Pierre, auf dem Cézanne begraben wurde. Das Fremdenverkehrsamt von Aix hat eine Karte herausgegeben, auf der alle Orte eingezeichnet sind. Darüber hinaus bietet es von April bis Oktober täglich eine mehrsprachige Führung an.

Fremdenverkehrsamt: 2, place du Général de Gaulle
Tel: 0033 (0)4 42161161, Internet: www.aixenprovencetourism.com

Nachdem Cézanne 1901 am Ufer des Verdon-Kanals ein kleines Anwesen gekauft und zum Atelier hatte umbauen lassen, zog es ihn jeden Tag schon frühmorgens dorthin. Berühmte Werke wie „Die Badenden" sind dort entstanden. Heute kann es als Museum besichtigt werden.

Atelier Cézanne: 9, avenue Paul Cézanne
Tel: 0033 (0)4 42210653, Internet: www.atelier-cezanne.com

Zudem können Sie das Anwesen Jas de Bouffan besuchen, das mehrere Jahre Cézannes Familie gehörte und wo er zahlreiche Ansichten des Parks malte.

Jas de Bouffan: 17, route de Galice
Tel: 0033 (0)4 42161161, Internet: www.cezanne-en-provence.com

1895 mietete Cézanne eine Hütte am Steinbruch und malte in neun Jahren elf Ölbilder und 16 Aquarelle der zerklüfteten Landschaft. Die Stadt hat das Gelände zugänglich gemacht. Es ist nur mit einer Führung zu besichtigen.

Chemin de Bibémus: Einzelbesucher – Reservierung erbeten
Tel : 0033 (0)4 42161161, Internet: www.cezanne-en-provence.com

Darüber hinaus sind zahlreiche Werke Cézannes im Musée Granet zu sehen:

Musée Granet: Place Saint Jean de Malte
Tel: 0033 (0)4 42528832, Internet: www.museegranet-aixenprovence.fr

☞ Picassos Schloss in Vauvenargues

Ab 1912 zog es Picasso so oft nach Südfrankreich, dass es seine zweite Heimat wurde. Mehrere Wohnsitze kaufte er in der Nähe von Cannes, im Hinterland und bei Aix-en-Provence das Schloss von Vauvenargues. Es liegt am Fuß des Sainte-Victoire, dem Hausberg seines großen Vorbildes Cézanne, der von diesem über 200-mal gemalt wurde. Als ein Sammler sich rühmte, einen Cézanne mit diesem Motiv gekauft zu haben, entgegnete Picasso angesichts seines Fensterausblicks verschmitzt: „Ich habe das Original."
Heute ist er unter der Freitreppe des barocken Prachtbaus begraben. Der Eintritt allerdings ist untersagt. Die Familie hält das Anwesen streng verschlossen. Es wurde in den letzten Jahren gerade zweimal geöffnet. Dies löste so einen Andrang aus, dass Besucher vor dem Eingang kampierten, um noch eine Karte zu bekommen. Mittlerweile hält sie sich über etwaige Öffnungen bedeckter. Deshalb lohnt es sich, nachzufragen – auch wenn in den Räumen nicht allzu viel zu sehen ist. Aber auch von der Hauptstraße des Örtchens Vauvenargues hat man einen guten Blick auf das imposante Gebäude und kann es sich durch die Gitterstäbe am Eingangsportal ansehen.

LUBERON

Unberührte Natur, pittoreske Dörfer und Klöster, kleine Flüsschen und malerische Bergkulissen: Nirgendwo zeigt sich die Provence in solcher Schönheit. Auch deshalb zieht es ganze Heerscharen der Pariser Hautevolee in den Luberon, genauso wie unzählige Kunsthandwerker und Bonvivants aus aller Welt, die hier alte Bauernhöfe kauften und restaurierten.

Sehr beliebt: das Städtchen Gordes, das sich um einen Berg herumschmiegt, das niedliche Goult oder das hübsche Lourmarin, das auch Albert Camus einst so beeindruckte, dass er sich, nachdem er 1957 den Nobelpreis für Literatur verliehen bekommen hatte, dort niederließ.

Im Parc naturel régional du Luberon kann man Kajak fahren, wandern, radeln und in einstigen Farmhäusern lauschig unterkommen. Dazu steigt das Angebot an Kochkursen der Cuisine provençale. Die Landschaft mit dem Kalksteingebirge ist auch die, in der der britische Romanautor Peter Mayle Bestseller wie „Mein Jahr in der Provence", „Ein guter Jahrgang" oder „Toujours Provence" spielen lässt – zwischen Weinstöcken, auf Lavendelfeldern und vor idyllischer Dorfkulisse.

Bis auf 1124 Meter schraubt sich der Naturpark Luberon gen Himmel, beherbergt seltene Pflanzen, Eidechsen, Wildschweine, Biber und Habichte, Adler und Geier. Die perfekte Mischung aus Naturschönheit und savoir vivre. Das großartige Angebot an Gemüsen, Fleisch, Wein und authentischer Atmosphäre macht den Luberon so unwiderstehlich.

MAISON VALVERT

Wollen Sie einmal in einem Baumhaus übernachten? Hoch oben im Grünen,
umhüllt von Vogelgezwitscher und dem Duft von Pinien?
Im Maison Valvert ist das auf schönste Weise möglich. Vor den Toren von
Bonnieux, inmitten einer sanften Berglandschaft, liegt das Bed & Breakfast
und ist gar nicht so leicht zu finden. Achten Sie auf das lindgrüne Tor, das die
Belgierin Cathy Herssens öffnet, um die Gäste in ihre private Welt zu lassen.
In ihr kleines Anwesen im schönsten provenzalischen Landhausstil und in
ebenjenes Baumhaus, in dem man mitten in der Natur, aber ausgestattet mit
jedem Komfort und mit einem Höchstmaß an Privatheit ist. Auf der kleinen
Terrasse des Baumhauses ist ein Körbchen angebracht, in dem Kaffee und
alles andere, was Sie wünschen, hochgezogen werden kann. Verlässt man
sein Refugium doch einmal, kann man mittags mit Cathy und ihrem Mann,
einem französischen Journalisten, etwas von dem Salat essen, den sie jeden
Tag für die Gäste macht. Oder man kann durch die große Anlage mit ihren
Olivenbäumen, Trüffeleichen und Lavendelbüschen den Hang hinunterflanie-
ren oder sich unter ein Sonnensegel an den Pool legen. Alles ist sehr warm
und herrlich schnörkellos gestylt und jedes Detail, von den Pastelltönen und
den bestickten Leinenservietten bis zum bunten Teppich vor dem Kamin,
geschmackvoll arrangiert. Morgens sitzt man gemeinsam unter dem Kron-
leuchter auf der Terrasse, bedient sich an einem Buffet und lässt die Seele
baumeln.

Maison Valvert Adresse: Route de Marseille, 84480 Bonnieux
Tel: 0033 (0)4 90756171 Internet: www.maisonvalvert.com
Preise: DZ ab 185 Euro, Baumhaus 270 Euro

LA PETITE MAISON
DE CUCURON

Auch wenn Sternekoch Eric Sapet sein kleines Häuschen mit dunklem Holz, dezentem Licht und warmen Tönen perfekt ausgestattet hat, sitzt man besonders schön auf der wildromantischen Terrasse – an einem der sechs sonnenbesprenkelten Tische, unter einem wuchernden Blätterdach und Feigenbäumen, die sich über die Tische recken. Wunderbar lauschig ist es, intim und dazu surren verhalten die Geräusche des kleinen mittelalterlichen Dörfchens um einen herum: das Hämmern des Schmieds und das Schleifen des Schreiners gegenüber. Kaum dass der wunderbar leichte Rosé (Côtes du Luberon, Château La Dorgonne, 2009) in einem hölzernen Kühler auf den Tisch gestellt wird, folgt auch schon Gazpacho von junger Zucchini mit Pistou und einem kleinen Stück cremigem Ziegenkäse als Amuse bouche. Und das Menu de la Maison (46 Euro) geht genauso köstlich weiter: von zarten Sardinen in frischem *huile millésinées* über Auberginen-Kaviar und perfekt gebratenem Angus-Beef an Kürbisgemüse, Karotten und zwei Arten Zucchini zu Mirabellenkuchen und grandiosem Käse mit Salat. Der Käse ist eine Spezialität, von der in der Provence immer wieder mit glänzenden Augen geschwärmt wird. Er stammt aus der Käserei von Josiane Déal, die den „Meilleur Ouvrier" erhielt, eine hohe Auszeichnung der französischen Regierung. Déal produziert die Käse nicht, sondern kauft vorhandene, lagert sie und verkauft ihre gereiften Köstlichkeiten in Vaison-la-Romaine. Eric Sapet ist Stammkunde.

La Petite Maison de Cucuron Adresse: Place de l'Etang, 84160 Cucuron
Tel: 0033 (0)4 90682199 Internet: www.lapetitemaisondecucuron.com
Öffnungszeiten: Mittwoch – Sonntag 12.30 – 14.30 Uhr und 20.00 – 23.00 Uhr

Ein Gespräch mit Eric Sapet

Inhaber und Maître de Cuisine des La Petite Maison de Cucuron

Das Essen war köstlich, die Zutaten wunderbar aufeinander abgestimmt, schlicht und überraschend. Was ist Ihre Philosophie?

Ich habe keine. Und Regeln erst recht nicht. Es geht schließlich nur ums Kochen und dabei folgen wir den Jahreszeiten und ihren Produkten. Je nachdem, was auf den Märkten der Umgebung gerade frisch im Angebot ist, entscheide ich, was ich koche. Ohne Rezept.

Sie gehen immer vom Produkt aus?

Immer. Nehmen Sie die Sardinen, die Sie hatten, etwas süßlich und mit den zartesten Gräten. Ein Geschenk! Das verdirbt man nicht mit derben Zutaten, damit geht man sanft um – mit einem Hauch von Zitrone und im Geschmack dezenten Auberginen. Wir veranstalten hier kein Molekular-Kochen, wir gehen in dem, was der Garten bietet, auf.

Und der bietet eine Menge.

Allerdings. Die Produkte sind wirklich nicht das Problem. Es gibt hervorragenden Fisch, der auf den Dörfern angeboten wird. Den kaufe ich direkt vom Lastwagen. Das einzige Problem ist die Auswahl. Oft möchte ich am liebsten alles nehmen. Doch wir bieten nur zwei Menüs pro Tag an, da muss man sich leider beschränken.

Wenn Sie ohne Rezept kochen, folgen Sie einzig Ihrem Gefühl?

Eine Kombination aus Klassischem und Eigenem hab ich schon im Kopf und auch, dass wir in der mittleren Preiskategorie bleiben wollen und keineswegs abheben. Doch sobald ich meine Schürze umbinde, bin ich weg – und koche, koche, koche.

CHÂTEAU LA DORGONNE

Der wunderbar leichte Rosé, den Eric Sapet im La Petite Maison de Cucuron serviert, stammt von diesem Weingut in La Tour d'Aigues ganz in der Nähe. Vor zehn Jahren und als es nach fataler Überproduktion am Boden lag, übernahm die Familie Parmentier den Besitz und verwandelte ihn in ein unprätentiöses Refugium. Sie baut ihre Trauben ohne chemische Zusätze an, bietet in einem kleinen Laden Weinproben an und verkauft Konfitüren, Honig, Olivenöl, Essig und allerlei andere Köstlichkeiten, die hervorragend zu ihren Weinen passen: Caviar d'Aubergine, Purée de Piments oder junge, eingelegte Artischocken, alles selbst oder im Auftrag des Château des Dorgonne ökologisch hergestellt. Während im Hof und im Garten des Herrenhauses Kinder herumtollen und die Hunde sich im Schatten der Reben eingerollt haben, kann man selbst auf Entdeckungsreise gehen. Ein hübsch aquarellierter Plan und ein ausführliches Heftchen führen auf zwei Spaziergängen durch das 70 Hektar große Gelände – wahlweise gemütliche 40 oder 90 Minuten lang und vorbei an Reben für Merlot, Cabernet, Grenache Blanc, Syrah oder Ugni. Oder man kann sich mit dem Hausherren Bandoin auf eine kleine Jeep-Spritztour auf den Hausberg begeben, sich von der gelungenen Kombination aus nährreichem Boden und sonnigem Klima erzählen lassen und herrliche Ausblicke genießen. Besonders lohnt ein Besuch im Herbst, wenn die Familie und ihre zahlreichen Helfer die Trauben in Handarbeit pflücken und verlesen.

Château la Dorgonne Adresse: Route de Mirabeau – D135, 84240 La Tour d'Aigues Tel: 0033 (0)4 90075018 Internet: www.chateauladorgonne.com Öffnungszeiten: Täglich 9.00 – 19.00 Uhr, am 1. Januar geschlossen

☞ Unsere Lieblingsweine

Côtes du Luberon Rouge Château, 2006

Die Parmentiers nennen diesen einfachen, kräftigen und vollmundigen Roten den „wahren Wein des Südens". Die ausgereiften Trauben Südfrankreichs bringen die Fülle, die handverlesenen Früchte die Klasse. Perfekt zu Wild, Braten und Salami.

Château La Dorgonne Blanc, 2009

Weiß, fruchtig, lebendig – und ein Favorit des Winzers. Auch wegen seiner Kombination aus frischen Noten, nachhaltigem Eindruck und dichten Aromen.

Expression du Terroir Blanc, 2007

Der hohe Anteil an Grenache noir, der am obersten Hang des Parmentierschen Weinbergs reift, gibt ihm den volumenreichen Körper. Durch Rebschnitt wird der Ertrag sehr niedrig gehalten und der beeindruckend körperreiche Geschmack evoziert. Ideal zu Fisch und zu hellem Fleisch.

Côtes du Luberon Rosé, 2007

Hellrosa und raffiniert: Der aromatische Geschmack stammt aus dem Inneren der Beeren, da die Schalen nur kurz mit dem Saft in Kontakt kommen.

Alle Weine kosten zwischen 7 Euro und 12 Euro.

☞ Picknick

Die Parmentiers bieten eine Tour auf den Weinberg samt Picknick an. Eine Stunde geht es auf geschwungenen und gut erschlossenen Wegen den Berg hinauf, nicht zu steil und mit herrlicher Aussicht vom höchsten Berg der Region. Unter nahe gelegenen Bäumen wird ein kalter, köstlicher Lunch serviert, auf karierten Tischdecken inklusive Vorspeisen und Nachtisch – und natürlich einer Auswahl hauseigener Weine. Ein atmosphärischer Ausflug, der mit vielen Informationen über die Weinstöcke, an denen man vorbei zieht, ökologischen Anbau, die Ernte und mit Eindrücken sanfter Natur gespickt ist.

Zu buchen ab sechs Personen und für 30 Euro pro Teilnehmer.

☞ Herrenhaus des Château la Dorgonne mieten

Ein ganz besonderes Erlebnis ist es, das wunderschöne Herrenhaus des Weinguts zu mieten. Sieben Doppelzimmer bietet es, sechs davon mit eigenem Bad – und einem authentischen Wohlfühl-Programm. Das Frühstück ist ebenso inklusive wie ein allabendliches Dinner, gekocht von einem hochkarätigen Koch der Region. Dazu gibt es Kochstunden, eine Weinverkostung und in der Erntezeit einen Rundgang durch die Rebstöcke. Man hat Zugang zum gesamten Gelände. Vor dem Anwesen befindet sich eine schöne Terrasse, nebenan ein verwunschener Pool.

Für bis zu 14 Personen ab 7.000 Euro pro Woche.

AUSFLUG NACH LOURMARIN

Lourmarin ist ein wunderbar lauschiges Städtchen und überwältigend grün. Sogar mitten durch die Stadt ziehen sich verwunschene Gärten und dazu schlängelt sich die Geschäftsstraße gemütlich einen Hang Richtung Fluss hinunter – mit kleinen Boutiquen, Galerien und Spezialitätengeschäften. Besonders schön ist der Place de l'Eglise und das Renaissanceschloss, das während der Französischen Revolution zerstört wurde – und welch Ironie – nach 1920 von einem Industriellen fast stilecht restauriert wurde. Als „Villa Medici de Provence" bietet es heute Ausstellungen und Konzerte.

Literaturliebhaber pilgern nach Lourmarin, um das Grab des großen Existentialisten Albert Camus (1913 - 1960) zu besuchen. Von dem Geld, das er 1957 für den Literaturnobelpreis bekam, kaufte er sich ein Häuschen in der Gasse, die heute seinen Namen trägt. Es ist so unscheinbar wie sein Grab. Noch nicht einmal eine Tafel erinnert an den Autor von „Der Fremde", der 1960 auf dem Weg nach Paris bei einem Autounfall verunglückte. Besonders tragisch: Eigentlich wollte Camus den Zug nehmen und hatte das Ticket in der Tasche, als er mit dem Neffen seines Verlegers Gallimard La Chapelle Champigny von der Straße abkam.

Heute wohnen Verwandte in seinem Haus, die ihre Ruhe haben möchten, denn besonders im Sommer ist Lourmarin, eines der „20 schönsten Dörfer der Provence", von Touristen überlaufen. Wollen Sie einen dezenten Blick darauf werfen, fragen Sie einen Einheimischen nach der Hausnummer. Sie kennt in Lourmarin jeder.

☞ La Boutique l'Antiquaire

Während der Hausherr mit seinen Freunden auf dem Bürgersteig Karten spielt, kann man sich in der kleinen, wunderbar ausgesuchten Boutique ganz ungestört umschauen. Schön gefärbte, alte Leinen gibt es hier – als Bettbezüge, Tischdecken, Servietten, Hemdchen sowie kleine, sorgsam ausgewählte Antiquitäten, Emailleschildchen, Etageren und Porzellan.

Adresse: 9, rue grand pre, Tel: 0033 (0)4 90688184

☞ La Place des Délices

Am Ende des Einkaufsgässchens und einem der Stadttore liegt die Pâtisserie, das Café und Restaurant, in dem man an einem Brunnen Platz nehmen und herrliche Kuchen essen oder ein Menü (30 Euro) von Chef Patrick Barbaux genießen kann.

Adresse: Place du Moulin, Rue du Temple, Tel: 0033 (0)4 90790046
Öffnungszeiten: März – November: Montag – Sonntag 7.00 – 22.00 Uhr, MItttwoch geschlossen, Dezember – Februar: auch Montag und Dienstag geschlossen

☞ Kleiner Tipp außerhalb

La Ferme de Gerbaud heißt der Kräutergarten von Paula Marty, die ihren Besuchern alles über provenzalische Kräuter erzählt. Donnerstags wird nach Anmeldung ein Dinner serviert (30 Euro inkl. Führung und Wein).

Adresse: Chemin de Gerbaud, Tel: 0033 (0)4 90681183, Internet: www.plantes-aromatiques-provence.com, Führungen: April – Oktober: Dienstag, Donnerstag, Samstag 17.00 Uhr, November – März: Sonntag 15.00 Uhr

VOM LUBERON IN DIE SORGUE

Auf dem Weg in die Sorgue wird die Landschaft wieder flacher – und plätscherND grün. Die Sorgue, die in einer Grotte bei Fontaine-de-Vaucluse entspringt, ist ein kristallklares, seichtes Flüsschen, das seinen Höhepunkt in Isle-sur-la-Sorgue erreicht. Dort durchzieht es die ganze Stadt, treibt Wasserräder an, ist das Zuhause Hunderter Enten, Welse und obskurer Angelwettbewerbe.

Felder so weit das Auge reicht prägen die Gegend drumherum, Gemüse- und Obstplantagen. Feigenbäume, die vor lauter reifer Früchte schon ihre Äste hängen lassen, stehen am Straßenrand, Traktoren mit Anhängern voller Tomaten tuckern die Landstraße entlang.

Von dieser Entspanntheit sollte man sich selbst auch treiben lassen. Sie bietet eine kleine Verschnaufpause, bevor Sie sich in dem Antiquitätenmekka L'Isle-sur-la-Sorgue ins Getümmel stürzen. Jedes Wochenende platzt das Städtchen aus allen Nähten, wenn die Händler ihre Stände am Ufer der Sorgue aufbauen und Schnäppchenjäger, Urlauber und professionelle Einkäufer aus aller Welt auf die Suche nach dem Besonderen gehen. Dann sind die Antiquitätengeschäfte geöffnet, die riesigen Hallen, in denen feste Stände aufgebaut sind und viele kleine Kunsthandwerksläden. Schließen die Stände und fahren die Händler zurück in ihre Dörfer, verfällt L'Isle-sur-la-Sorgue wieder in einen Dornröschenschlaf – bis zum nächsten Wochenende.

AU RALENTI DU LIERRE

Als wir schon wieder am Auto stehen und uns noch einmal die schöne, efeu-
bewachsene Fassade des Bed & Breakfast anschauen, kommt eine Frau und
sagt: „Sie müssen unbedingt hineingehen. Ich bin schon zum zweiten Mal
hier. Es ist so ein wunderbar ausgestattetes Haus." Und sie hat so Recht.
Das erste Hotel der Stylisten Serge Rosenzweig und Thierry Dulieu ist eine
stilvolle Oase, wildromantisch verschachtelt und mit Finesse eingerichtet:
mit provenzalisch ländlichem Charme, modernen Skulpturen und Plastiken
aus Afrika, ausgesuchten Flohmarktstücken, in kräftigen Farben und warmen Tönen und vor allem mit gekonnter Hand. Am Pool, der sich treppauf an
eine Felswand schmiegt, stehen kleine Kräutertöpfchen neben modernen
knallgrünen Sonnenliegen und Kakteen im coolen Chic der California Sixties.
Und es verwundert nicht, dass hier in den nächsten Tagen ein Shooting von
Architectual Digest stattfindet. In einer offenen Küche kann man sich bei Bedarf Kleinigkeiten zubereiten, in einem behaglichen Wohnraum die Beine am
Kamin hochlegen und in einem der Magazine blättern. Oder man schlendert
durch den Garten unter Oliven- und Feigenbäumen entlang und auf Steintrep-
pen, die den Berg hinaufführen. Hier kann man sich wunderbar entspannen
und mit Stil von der Welt zurückziehen. Will man dennoch das nahe gelegene
Gordes, Ménerbes oder Lacoste erkunden, haben die fürsorglichen Gastge-
ber zahlreiche Tipps – auch solche, die abseits bekannter Pfade liegen.

Au Ralenti du Lierre Adresse: Village des Beaumettes, 84220 Gordes
Tel: 003 (0)4 90723922 Internet: www.auralentidulierre.com
Preise: DZ 76 Euro inkl. Frühstück

☞ Notre Dame de Lumières

Als Mönche die Sanctuaire 1664 erbauten, erschien ihnen plötzlich ein ge-
heimnisvolles Licht und sie widmeten die Kirche der Schwarzen Maria,
„unserer Herrin des Lichts". Die Wallfahrtskirche ist nicht nur ungewöhn-
lich schön, sondern auch sehr eigen in ihrem Stil. Die lichtdurchfluteten
Mariendarstellungen befinden sich in einer Art Untergeschoss, eine große
Freitreppe darüber führt zum Altar. Es lohnt sich, auch einen Blick in die schönen Klostergärten hinter der Kirche zu werfen.

Adresse: Route Lumières CD 105, 84220 Goult
Tel: 0033 (0)4 90722505
Messe: Sonntag 8.00 Uhr

☞ Un Jour Charlotte

Hinter dem ungewöhnlichen Namen, der an die Tochter eines Freundes erinnert, die vor ein paar Jahren starb, verbirgt sich ein wunderbar ungewöhnliches Konzept: auf ihrem lauschigen Hof haben Muriel und Serge Alvarez ein Blumenatelier, eine Fotogalerie und ein Restaurant eingerichtet. Während Muriel Sträuße arrangiert und südfranzösisch kocht (Menü 27 Euro), stellt Serge im ersten Stock seine Fotos aus. Für den gemütlichen und bunten Landhausstil sorgen sie gemeinsam – und auch für ihre hübschen Esel, die auf der Weide nebenan ganz entspannt grasen.

Adresse: Hameau les Imberts, 84220 Gordes, Tel: 0033 (0)4 90726198
Internet: www.unjourcharlotte.fr, Öffnungszeiten: Montag und Dienstag geschlossen, Mittwoch – Sonntag ab 18.00 Uhr

☞ La Maison Gouin

Der Bio-Schlachter ist ein ruppiger Genosse. Von ihm darf man sich keineswegs aus der Ruhe bringen lassen, wenn man seine liebe Not hat, sich zwischen den vielen Köstlichkeiten zu entscheiden. Schon wenn man den Feinkostladen betritt, riecht es verführerisch nach eingelegtem Ziegenkäse und in der Theke reihen sich die verschiedensten Patés, frische Tampenaden, Confit de Canard, Caillette aux herbes (11,90 Euro/Kilo), Tarte des Legumes (19,50 Euro/Kilo), selbst gemachte Würstchen, eingelegtes Lamm und gut gereifte Käsesorten aneinander. Immer wieder packt der Schlachter ein paar Leckereien ab und bringt sie ins angegliederte Restaurant. Dort sitzt man im bäuerlichen Ambiente, umgeben von Einheimischen und blitzschnellen Kellnern, die Schinken mit frischem Ziegenkäse, Foie Gras, Rind mit Trüffeln und als Nachspeise Käse mit eingelegten Pflaumen servieren (Menü 38 Euro). Deftig, köstlich und schlicht! Und möchten Sie Wein trinken, werden Sie in den Keller geschickt, um sich eine der Flaschen auszusuchen.

Adresse: 44, route d'apt, 84660 Maubec (Coustellet)
Tel: 0033 (0)4 90769018
Öffnungszeiten: Deli 7.30 – 19.00 Uhr, Restaurant 12.00 – 15.00 Uhr
und 19.30 – 23.30 Uhr, Sonntag und Mittwoch geschlossen,
Februar und November geschlossen

Tipp: Gegenüber vom La Maison Gouin liegt die Boulangerie Sarl J. Samson. In der kleinen Bäckerei mit großer Auswahl können Sie sich herrlich knuspriges Baguette zu Ihren Leckereien kaufen oder Feigenbrot zum Käse.

TOME DE BANON

3€90 PIECE

CRESPEOU
PROVENCAL €
23€50 LE KG

SALADE
Pâté au Pistou

12.50€

LA BASTIDE DE VOULONNE

Hellblaue Fensterläden, sandfarbener Stein, Rosen, die an der Fassade hoch-
klettern und ein plätschernder Brunnen im Innenhof: Das Farmhaus, das die
Britin Penny und ihr französischer Mann Julien 1997 in ein Landhotel verwan-
delten, ist so gemütlich wie unprätentiös. Familien sind herzlich willkommen
und auch für alle Anderen ist es ein angenehm unaufgeregter Rückzugsort.
Die 13 Zimmer sind groß, in warmen Farben und im provenzalischen Stil
gehalten, das große Grundstück samt Pool bietet viele schattige Rückzugs-
möglichkeiten und die Lobby mit ihrem Kamin und den großen Sofas lädt
durchaus dazu ein, dort ein Buch zu lesen oder in einer der Zeitschriften zu
blättern.
Das Frühstücksbuffet bietet nichts Besonderes, sondern Standards von
Cornflakes zu Baguette mit Marmeladen und Käse. Dabei sitzt man aber
unter einem lauschigen Strohdach und jahrhundertealten Bäumen und am
Abend kocht eine Frau aus der Umgebung gehobene provenzalische Familien-
gerichte. Morgens steht an einer Tafel, was es jeweils gibt, und man kann
sich dann entscheiden, ob man mitessen möchte: grüner Bohnensalat mit
Entenfilet, Rinderfilet mit karamellisierten Zwiebeln und Zitronentarte zum
Beispiel. Auch die Lage des Landhauses ist gut: Arles, Marseille und Aix-en-
Provence sind schnell zu erreichen – und am Sonntag kann man auf den Markt
in Coustellet gehen, auf dem die Bauern der Umgebung weiße Auberginen,
Lavendelhonig und Ziegenkäse verkaufen.

La Bastide de Voulonne Adresse: Quartier Voulonne, 84220 Cabrières
d'Avignon Tel: 0033 (0)4 90767755 Internet: www.bastide-voulonne.com
Preise: DZ ab 95 Euro, Frühstück 12 Euro

☞ Mas de la Regalade

15 Jahre hat Stephane Bertola im legendären „Hotel de Paris" in Monte Carlo gearbeitet, dann hat er sich seinen Traum von einem sehr persönlichen Refugium erfüllt. Mit vier Zimmern und einem Mix aus Alt und Neu, Designer-möbeln und Antiquitäten – und einem großzügigen Pool mit Sonnenbetten, Sofas und einem Grill. Dort kann man abends zusammensitzen, bei Bedarf kann auch ein Koch bestellt werden. Überhaupt geht es in dem kleinen Bed & Breakfast, in dem er mit seiner Familie lebt, sehr leger zu. Der Pool kann rund um die Uhr benutzt werden und zum Frühstück serviert Stephane selbst ge-machte Marmeladen mit Erdbeere und Balsamico oder Mango mit Ingwer und selbst gebackene Kuchen. Das Einzige, was ihm wichtig ist: Ruhe, damit alle die Seele baumeln lassen können! Deswegen will das Mas de la Regalade, trotz eigener Kinder, kein Familienhotel sein, sondern vor allem ein ange-nehm entspannter Rückzugsort.

Adresse: Quartier de la Senancole, 84220 Gordes
Tel: 0033 (0)4 90769079, Internet: www.masregalade-luberon.com
Preise: DZ ab 80 Euro inkl. Frühstück

L'ISLE-SUR-LA-SORGUE UND ANTIQUITÄTEN

Mit seinen flachen Kanälen und moosüberzogenen Wasserrädern ist L'Isle-sur-la-Sorgue ein pittoreskes Städtchen – und vor allem ist es das Antiquitätenmekka der Provence. Jeden Sonntag bauen die Händler ihre Stände entlang der von Enten bevölkerten Kanäle auf und bieten alles, was man sich vorstellen kann. Von alten Leinen, antiken Postkarten, benutzten indischen Reissäcken zu Möbeln aller Art und Geschirr in allen Preislagen. Auch wenn es heißt, dass enthusiastische Amerikaner längst die Preise verdorben haben, kann man hier immer noch ein Schnäppchen machen.

Genau wie in den zahlreichen Antiquitätengeschäften im Zentrum von „Klein-Venedig". Kaum zu glauben, was es hier alles gibt. Sogar Stühle aus der Zeit Marie Antoinettes sind darunter, die Zargen provisorisch schwarz gestrichen zu ihrem Tod 1793, gigantische Flugzeug-Rotoren, komplette Bar-Einrichtungen aus den 20ern samt Absinth-Zapfanlage, 30er-Jahre-Lampen mit surrealistischem Dekor und so viele pittoresk verwitterte Stühle, Vogelkäfige in allen Größen und Formen, kunstvoll verbeulte Eisentische oder knallgelbe Sixties-Sessel und provenzalische Landhausschätze, so schön, dass sie auf einem heimischen Flohmarkt sofort vergriffen wären. Hier gibt es sie en masse – und dazu handgemachte Seifen, Lavendel und allerlei andere Kleinigkeiten, die auf die Klientel abgestimmt sind.

Handeln ist genauso möglich wie der unkomplizierte Transport nach Hause. Fragen Sie bei den Händlern nach.

☞ Unsere Lieblingsläden

Mémoires d'un Âne

Den Namen hat der kleine, persönliche Laden von Jean-Jacques Bourgeois, weil er einst einen Esel zum Geburtstag bekam und ihn liebevoll behütete. Auch sein Dackel hängt als Gemälde im Geschäft – neben antiken Vogelkäfigen, wunderschönen Rokoko-Möbeln, ausgesuchtem Geschirr, alles sehr liebevoll arrangiert.

Adresse: 5, avenue des 4 Otages, 84800 L'Isle-sur-la-Sorgue
Tel: 0033 (0)4 90206315
Öffnungszeiten: Freitag – Montag 9.30 – 18.30 Uhr

Margaretha & Jean-Claude Paitre

Gemütlich wie ein Wohnzimmer eingerichtet – mit ausgesuchten Schönheiten dekoriert. Dazu gehören Kirchenfiguren, Gemälde, Vasen und viele ungewöhnliche Kleinigkeiten.

Adresse: 7, avenue des 4 Otages, 84800 L'Isle-sur-la-Sorgue
Tel: 0033 (0)4 90207580
Öffnungszeiten: Freitag – Montag 10.00 – 18.00 Uhr

Stéphane Broutin

Eine Halle mit ausgesuchten Schätzen wie spektakulären Korallen. Eine stilvolle Augenweide, die sich in der Passage du Pont befindet, in der 40 Aussteller ihre Sammelsurien präsentieren.

Adresse: 7, avenue des 4 Otages, 84800 L'Isle-sur-la-Sorgue
Tel: 0033 (0)6 03229797
Öffnungszeiten: Freitag 14.00 – 18.00 Uhr und
Samstag – Montag 9.00 – 18.00 Uhr

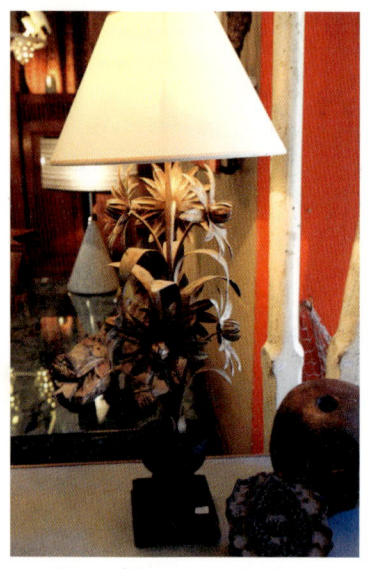

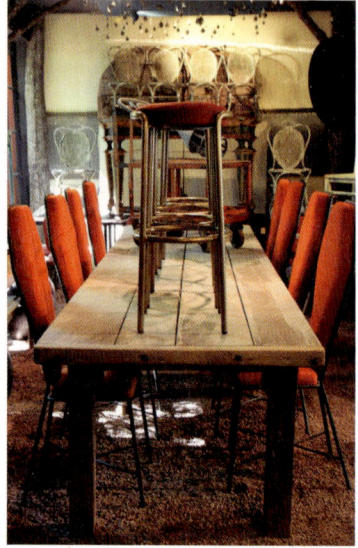

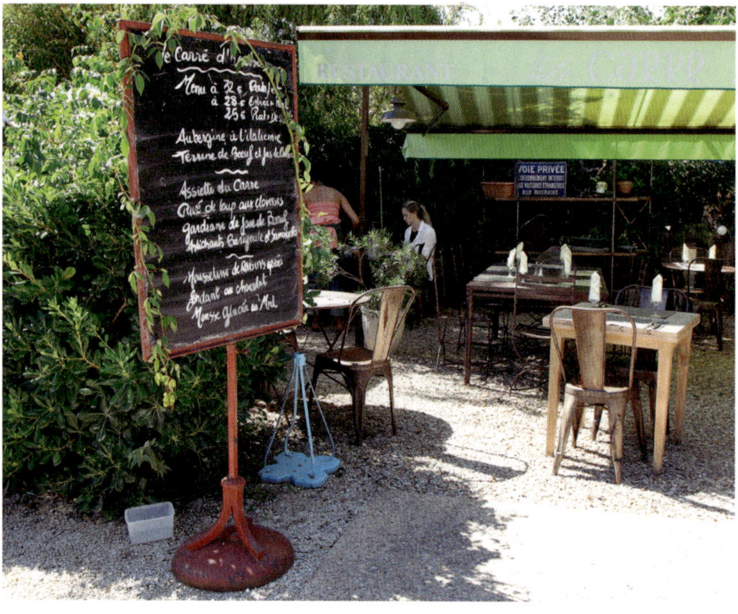
RESTAURANT
VOIE PRIVÉE
Aubergine à l'italienne
Assiette du Carre
Fondant au chocolat
Mousse glacée au Miel

Xavier Nicod

Der Platzhirsch mit riesigem Laden und einem Angebot, dass man glaubt, man träumt: einzigartige Möbel, Masken und 50ies-Schönheiten, kunstvoll arrangiert. Kein Wunder, dass Ausstatter Nicod Dauergast in großen Mode- und Wohnmagazinen ist.

Adresse: 9, avenue des 4 Otages, 84800 L'Isle-sur-la-Sorgue
Tel: 0033 (0)6 07855459, Internet: www.xavier-nicod.com
Öffnungszeiten: Samstag und Sonntag 10.00 – 18.00 Uhr

☞ Le Carré d'Herbes

Auch dieses Restaurant liegt inmitten der Antiquitätenläden und bietet gute provenzalische Küche. In dem kleinen Garten mit seinen Blechstühlen und bunten Schirmchen werden Kleinigkeiten, 2- und 3-Gänge-Menüs serviert. Ein schöner Rückzugsort für eine Verschnaufpause.

Adresse: 13, avenue des 4 Otages, 84800 L'Isle-sur-la-Sorgue, Tel: 0033 (0)4 90382397, Öffnungszeiten: Oktober – April: Donnerstag- bis Montagabend, April – Oktober: Täglich Mittag und Abend, Internet: www.lecarredherbes.com

☞ La Marmite Bouillonnante

Im „Blubbernden Topf" kann man zwischen Antiquitäten- und Flohmarkt-Bummel entspannt die Füße baumeln lassen und auf der Terrasse direkt am Flüsschen Sorgue den Enten beim Quaken zuschauen. Dazu gibt es ein paar kleine Gerichte, Aiolis, Pot-au-Feus, Currys, Salate. Dieser Treffpunkt von Antiquitätenjägern ist an Flohmarkttagen sehr belebt.

Adresse: Passage du Pont, L'île aux Brocantes, 7, avenue des 4 Otages, 84800 L'Isle-sur-la-Sorgue, Tel: 0033 (0)4 90385105, Öffnungszeiten: Samstag – Montag und an Feiertagen, Küche von 12.00 – 16.00 Uhr

LE JARDIN DU QUAI

Unter alten Kastanien, Sonnenschirmen und Strohdächern, an wunderschönen Steintischen und grünen Bistroklassikern nimmt man bei Chefkoch
Daniel Hébet Platz – und wird von einem unermüdlich herumeilenden Heer
von Kellnern verwöhnt. Mit einem Menü (40 Euro), das jeden Tag wechselt
und leicht und köstlich ist: Auf wunderbar cremiges Risotto mit Steinpilzen,
Sauerampfer und Wildsalat folgt Kabeljau-Filet mit Selleriebutter, lilafar-
benem Mini-Blumenkohl, Koriander und danach Mascarpone-Mousse mit frischen Früchten. Dazu Domaine Le Pive Gris Rosé, VdP des Sables 2009, den
die Kellnerin als „sehr feminin" empfiehlt.
Durch den verwinkelten Garten schwirrt glückliches Stimmengewirr, die Sonne blinzelt durch die grünen Blätter und dabei geht es herrlich unprätentiös
zu. Ein besonders lauschiges Plätzchen ist der „Honeymoon-Tisch", der grün
umrankt, romantische abgeschiedene Zweisamkeit bietet.
Le Jardin du Quai ist der Ort, an dem man an Flohmarkttagen in aller Ruhe
und wunderbar ausgiebig zu Mittag oder Abend isst. Deshalb sollte
man unbedingt reservieren. Nach dem Dessert fühlt man sich so glücklich und entspannt wie das Maskottchen des Restaurants, die betagte
Labradorhündin Tina, die wohlig dösend im Schatten unter einem der
Oleanderbäumchen liegt.

Le Jardin du Quai Adresse: 91, avenue Julien Guigne, 84800 L'Isle-sur-la-Sorgue
Tel: 0033 (0)4 90201498 Internet: www.danielhebet.com
Öffnungszeiten: Montag, Donnerstag – Sonntag 12.00 – 14.00 Uhr und
20.00 – 23.00 Uhr, Dienstag und Mittwoch geschlossen

Ein Gespräch mit Daniel Hébet

Maître Cuisinier de France und Besitzer des Le Jardin du Quai

Das Essen war köstlich! Was ist Ihr bevorzugter Gang?

Den habe ich nicht. Aber am liebsten arbeite ich mit Fisch. Ich mag seine Sensibilität, den feinen Geschmack und ich liebe es, ihn in ganz unterschiedlicher Weise zu variieren. Unseren bekommen wir von einem Händler aus La Rochelle und es ist fantastische Ware.

Aber hier liegt auch eine Postkarte aus, da haben Sie einen riesigen Wels im Arm und stehen knietief im Flüsschen Sorgue.

Ja, das war ein Wettbewerb und ein Gag. Den habe ich wirklich hier vorne in der Sorgue geangelt. Ein riesiges Ding und ein Kampf. Wir haben ihn dann im Restaurant verköstigt.

Bei Ihnen gibt es jeden Tag nur ein Menü.

Gerade sonntags haben wir einen wahnsinnig großen Andrang, servieren um die 170 Gerichte. Um da bestmögliche Qualität zu bieten, konzentrieren wir uns auf ein Menü. Wir kochen nach den Jahreszeiten, deswegen hatten Sie heute auch Steinpilz-Risotto. Jeden Morgen gehe ich über die Märkte und dann entscheide ich, was es am Tag gibt. Immer etwas anderes und immer ganz frisch.

Das hört sich nach einem sinnlichen Tagesanfang an.

Und nach viel Arbeit, denn wir haben das ganze Jahr über geöffnet. Aber ich will mich überhaupt nicht beschweren. Ganz im Gegenteil. Es ist mein erstes Restaurant, ich komme aus Paris, habe anschließend im „La Mirande" in Avignon gekocht, einem wunderbaren Haus, aber hier ist es genau, wie ich es haben möchte. Und zwischendurch gucke ich mal aus meiner Küche heraus und freue mich, dass es allen gut geht.

☞ Kochschule und Snack-Restaurant

Gleich am Eingang zu Hébets Restaurant befindet sich eine Kochschule. Man kann dort wahlweise einen Tageskurs bei dem Souschef Jérémi Fontin oder bei Hébet selbst belegen, der seine Klasse mit viel Humor vom Paprikaschneiden bis zum Hummerzubereiten begleitet. Wenn Sie sich mit mindestens acht Freunden zusammentun, können Sie auch eine private Kochstunde buchen. Man kocht in einer kleinen schönen Villa, die Klassen gehen in der Regel von 9 Uhr bis 14 Uhr – und nach einem Aperitif isst man an dem großen, hölzernen Tisch gemeinsam, was man gezaubert hat.

Adresse: 91, avenue Julien Guigne, 84800 L'Isle-sur-la-Sorgue
Tel: 0033 (0)4 90201498, Internet: www.danielhebet.com

CAFÉ DE FRANCE

Hier trifft sich tout L'Isle-sur-la-Sorgue, in dem einfachen und sehr traditions-reichen Café – und mit dem besten Café Crème weit und breit. Auch dafür kehrten wir immer wieder zurück. Denn das Wort Crème ist bei diesem Kaffee Programm und die perfekte Kombination aus Stärke und Milchschaum gibt es obendrauf. Dazu können Sie sich Olivenbrötchen oder Croissants aus den Boulangerien der Umgebung mitbringen und ungestört am Cafétisch genie-ßen. Das ist normal und hier gar kein Problem. Aber auch die Baguettes mit Jambon vom Café de France selbst sind ein Gedicht.

Und die Atmosphäre sowieso. Entweder drinnen, wenn die Rentner der Stadt ihre Karten kloppen und auch gerne schon mal am frühen Nachmittag einen Roten trinken. Oder draußen unter den Bäumen, direkt an der Kirche und an manchen Tagen vom Markt umgeben. Dort verbringt der Arzt seine Mittags-pause, nimmt der Besitzer des benachbarten Hotels La Maison sur la Sorgue seinen Lunch, lesen ältere Herren ihre Bücher und treffen sich Freundinnen. Ein herrlich authentischer Ort. Das fand auch der französische Fotograf Willy Ronis, der das berühmte Schwarz-Weiß-Foto von dem kleinen rennenden Jun-gen mit seinem Baguette unterm Arm schoss – und der 1979 auch das Café de France mit seiner herrlichen Fassade und seinem einzigartigen Publikum festhielt. Bis heute mischen sich hier Einheimische und Touristen auf ganz unaufgeregte Weise.

Café de France Adresse: 14, place de la liberté (gegenüber der Kirche), 84800 L'Isle-sur-la-Sorgue Tel: 0033 (0)6 78667275
Öffnungszeiten: Täglich 7.00 – 21.00 Uhr

☞ Caveau de la Tour de l'Isle

Dieser Käse- und Weinladen hat ein Angebot, das alle Wünsche erfüllt. Die leidenschaftlichen Sommeliers Stéphane und Janique Fina bieten Weine aus ganz Frankreich an, auch viele aus der Provence und kombinieren sie mit einer hochkarätigen Käse-Auswahl. Darunter Käse der gefeierten „Meilleurs Ouvriers de France" Josiane Déal und von Olivier Nivesse. Es finden regelmäßig Degustationen statt und auch sonst kann man gerne probieren und Platz nehmen. Denn das Geschäft mit seiner wunderschönen Ausstattung aus den 30er-Jahren hat eine lauschige Weinbar. Möchte man die Leute beobachten, die durch die Geschäftsgasse eilen, kann man sich auch vor den Laden setzen.

Adresse: 12, rue de la république, 84800 L'Isle-sur-la-Sorgue
Tel: 0033 (0)4 90207025
Öffnungszeiten: Montag – Samstag 9.00 – 12.30 Uhr, 15.30 – 20.00 Uhr,
Sonntag 9.00 – 19.00 Uhr, April – September: Montag geschlossen,
Oktober – März: Montag und Mittwoch geschlossen

☞ Kanutour von „Kayak Vert" nach L'Isle-sur-la-Sorgue

Es macht großen Spaß, das flache grüne Flüsschen Sorgue mit seinem glasklaren Wasser per Kanu oder Kajak zu entdecken. Los geht es bei „Kayak Vert", das an der Straße nach Fontaine-de-Vaucluse liegt und endet beim Camping „La Sorguette" vor L'Isle-sur-la-Sorgue. Der acht Kilometer lange Trip dauert zwei Stunden und mit einem Bus werden Sie dann wieder zurückgebracht (ab 17 Euro). Sie können gemeinsam auf Tour gehen oder alleine.

Adresse: 800 Meter vor Fontaine-de-Vaucluse
Tel: 0033 (0)6 88489671

LE MAS DES GRÈS

Dieses hübsche 200 Jahre alte Farmhaus ist das perfekte Familienhotel. Kinder sind ausdrücklich erwünscht und in der kleinen Bibliothek gibt es nicht nur zahlreiche Infos über die Region, sondern auch viele Bilderbücher und Spielzeug. Darauf legt die Frankfurterin Nina Crovara, die es 1995 aus Liebe in die Provence verschlug, Wert. Ihr eigener Sohn spielt in dem Familienhotel und ihr Mann Thierry steht am Herd und kocht allabendlich das Menü, das bei Kerzenlicht am plätschernden Brunnen serviert wird. Kürbissuppe mit großzügigem Nachschlag, Lamm mit Karotten, Bohnen und Kartoffelpüree und zum Nachtisch bedient man sich am Buffet – mit Käse, Mousse au Chocolat oder Pflaumenkompott. „Das Haus hat eine Seele, die wir erwecken möchten", sagt Nina – in 14 Zimmern und mit sanften provenzalischen Farben. Im Mas de Grès geht es gemütlich zu, drei Sprachen werden fließend gesprochen und jeden Tag etwas anderes gekocht, immer frisch vom Markt und von den Bauern der Umgebung. Hier fühlt man sich zu Hause, wird liebevoll umsorgt, kann seine Tage am Swimmingpool verbringen, im Schatten der Malven und Platanen oder im Naturpark Luberon, der vor der Tür liegt. Vor dieser beeindruckenden Naturkulisse sind Nina und Thierry ständig in Bewegung. Ist das Essen serviert, macht Thierry seine Runde, fragt, wie es geht und wie es geschmeckt hat. Demnächst wird die Sommerküche eingeweiht, in der Thierry im Freien und vor den Gästen Köstlichkeiten wie Paella brutzeln wird.

Le Mas des Grès Adresse: Route d'Apt RD 901, 84800 Lagnes
Tel: 0033 (0)4 90203285 Internet: www.masdesgres.com
Preise: DZ ab 210 Euro inkl. Frühstück und Abendessen

☞ Radtour Vélo Loisir en Luberon

Die Gegend um L'Isle-sur-la-Sorgue ist von einem gut ausgebauten Radweg umgeben. Eine besonders schöne Route führt von L'Isle-sur-la-Sorgue nach Fontaine-de-Vaucluse. Sie dauert ungefähr zwei Stunden, ist 21 Kilometer lang und nicht schwer zu bewältigen. Der Weg führt durch eine malerische Landschaft, an Schlössern, romanischen Kirchen, Museen, Feldern, Wäldern und an der grünen Sorgue entlang. Fahrräder können Sie an vielen Orten leihen, manche Fahrradverleiher bringen sie sogar im Hotel vorbei.

Der Vélo Loisir en Luberon ist inzwischen sehr gut ausgeschildert. Im Netz finden sich viele Infos, Strecken, Karten und Tipps.

Interessant ist es auch, an der Pestmauer, der Mur de la peste, entlangzuradeln. Sie ist 25 Kilometer lang und wurde 1721 errichtet, um die Pest, die jahrelang in der Provence wütete, einzudämmen. Mauerreste und kleine Gedenktafeln erinnern daran. Da die Strecke an manchen Abschnitten etwas rauer ist, brauchen Sie ein Mountainbike.

Weitere Informationen unter www.velo-provence.com und unter
www.bike-provence.com oder www.veloloisirluberon.com

☞ Stop im Café de la Poste

Diese Bar-Tabac ist Brasserie, Lottoannahmestelle und Zeitschriften-Kiosk in
einem und eine Institution im kleinen Goult. Schräg gegenüber vom Marktplatz
gelegen, kann man hier kleine Snacks einnehmen, Café Crème oder Rosé trinken
und in aller Ruhe in die Sonne blinzeln. Ein Hingucker ist der asiatische Kellner,
der die Flaschen auf seiner Schulter abstützt und einhändig öffnet.

Adresse: rue de la république, 84220 Goult
Öffnungszeiten: Täglich 6.00 – 22.00 Uhr

SAINT-RÉMY UND DIE ALPILLES

Die Alpilles sind die „Kleinen Alpen", ein Naturpark, der sich zwischen Arles, Avignon und Salon-de-Provence erstreckt und deren weiße und manchmal bizarr geformte Kalksteinfelsen ins Land hineinleuchten. Der Naturpark ist ein Paradies für Wanderer, Radfahrer und Reiter – und für jeden, der einfach nur einen Spaziergang machen möchte. Das kleine Bergdorf Les Baux, einst Hochburg der Troubadoure und zu einem der schönsten Dörfer Frankreichs gewählt, schmiegt sich an den Fels, bietet eine imposante Burgruine und einen herrlichen Blick – mit Glück bis zum Mont Ventoux und manchmal sogar bis zu den Pyrenäen. Besonders schön und aussichtsreich ist die Straße D5, die von Les Baux nach Saint-Rémy führt.

In dem Städtchen geht es wesentlich weltlicher zu. Im kleinen Altstadtkern mit seinen kurvigen Gässchen kann man entspannt bummeln gehen, man kann ihn auf einem mit Platanen gesäumten Boulevard umrunden oder sich auf die Spuren van Goghs begeben. 1889/90 wurde das Genie in der Psychiatrie des Klosters Saint-Paul-de-Mausole behandelt. Er malte dort zahlreiche berühmte Gemälde wie „Der Irrenhausgarten von Saint-Rémy" und auch „Sternennacht". Ein Rundgang leitet von Motiv zu Motiv. Die „Promenade dans l'Univers de van Gogh", die bei Saint-Paul-de-Mausole beginnt, führt an 20 Metallständern vorbei, auf denen die Gemälde van Goghs aufgezogen sind. So kann man den Blick zwischen Bild und Vorlage schweifen lassen. Überraschend, wie wenig sich verändert hat!

LA MAISON DU VILLAGE

Das Hotel ist eine wunderbare Kombination aus bourgeoisem Rokoko-Stil, einem Hauch französischer Revolution, Boudoir-Chic und Rock 'n' Roll. Es ist ein Ort, an dem Jimi-Hendrix-Fotos neben plüschig lilafarbenen Paneé-Samt-Decken hängen, spiegelnde Lampenschirme über verschnörkelten Holzbetten und alles super stylish ist, eigensinnig und raffiniert. Nicht umsonst schrieb eine britische Modezeitschrift, dass dieses Hotel, würde man es mit einem Supermodel vergleichen, Kate Moss wäre.

Perfekt liegt es im Altstadtkern von Saint-Rémy, alles ist bequem zu Fuß zu erreichen und gleichzeitig ist es verwunschen und ganz ruhig – samt Garten, in dem ein kleiner Brunnen plätschert. Man kann hier unter hohen Bäumen frühstücken oder einfach nur entspannen. Dort liegt auch das kleine romantische Gartenhäuschen mit seiner winzigen, grün umrankten Terrasse, in das man sich einmieten kann. Eine Jetset-Lady aus Paris betreibt La Maison du Village als Liebhaberprojekt – und mit großem Herzen für die Kunst. Regelmäßig finden im großzügigen Entrée Ausstellungen und Konzerte statt, zu denen illustre Gäste wie Eva Truffaut, Tochter des Regisseurs und selbst Fotografin, oder die amerikanische Kunstberaterin Ashley Todey kommen. Die Rezeption ist gleichzeitig eine Diptyque-Boutique, Massagen und Dinner können auf Anfrage organisiert werden und möchte man ein paar Runden schwimmen, kann man den 50-Meter-Pool des Hotel L'Atelier nutzen.

La Maison du Village Adresse: 10, rue du 8 Mai 1945, 13210 Saint-Rémy
Tel: 0033 (0)4 32606820 Internet: www.lamaisonduvillage.com
Preise: DZ ab 170 Euro, Frühstück 12 Euro

CHÂTEAU DES ALPILLES

Man ist schon hin und weg, bevor man das Château überhaupt erreicht hat. Die Platanen-Allee, die zum Hotel führt, ist ein Ereignis – und so imposant wie manch anderer Teil des Hauses. Sitzt man abends bei Kerzenlicht unter den Bäumen und isst das Menü (42 Euro) des Hauses, fühlt man sich wie in einem Kostümfilm. Drinnen hingegen nimmt man auf Eero Saarinens Designer-Tulpenstühlen Platz. Die Zimmer können diese Grandezza nicht halten. Sie sind stilvoll, in dunklen Tönen und mit Gold eingerichtet, haben wunderbar hohe Decken und einen Kamin. Der verwitterte hochherrschaftliche Charme aber fehlt den neu renovierten Räumen etwas, ebenso der Anlage mit Pool, Tennisplätzen, Sauna und Barbecue. Doch das ist nur ein kleiner Wermutstropfen, den die prachtvollen Fliesenböden, die schöne dunkelrote Bar, die lauschigen Wege durch den Garten, an Springbrunnen, Bambus, Zypressen und einem plätschernden Bächlein vorbei, mehr als ausgleichen.
Im Château geht es elegant leger zu, unterstrichen von dem selbstsicheren Charme der alteingesessenen Familie. Françoise Bon und ihre Tochter Catherine Rollin führen das Haus als persönliches Familienunternehmen. Sie gehören zur Hautevollee der Stadt, sind fest im kulturellen Leben verankert und haben immer einen Tipp für eine interessante Kunstausstellung oder andere Events.

Hôtel Château des Alpilles Adresse: Route départementale 31,
13210 Saint-Rémy Tel: 0033 (0)4 90920333
Internet: www.chateaudesalpilles.com Preise: DZ ab 185 Euro

CHEZ XA

Das Chez Xa fällt sofort auf. Lustig und in sattem Dunkelrot strahlt seine Fassade zwischen den dezenten Sandfarben des Altstadtrings in Saint-Rémy. Auf der kleinen Holzveranda leuchten karierte Tischdecken und drinnen drängeln sich Torero-Gemälde neben großen bemalten Spiegeln, neben Neonreklamen, goldenen, reich verzierten Rahmen, Lichterketten und einer schnittig modellierten Brigitte Bardot – und zwar gleich in zweifacher Ausführung. Das Chez Xa versprüht eigensinnigen und jugendlichen Charme und ist dabei das älteste Restaurant der Stadt. Vor 25 Jahren gründete es Martine David mit ihrem Mann Xavier. Seit dem Tod von Xavier, eben dem Xa, der dem Restaurant seinen Namen gab, führt sie es mit ihrer Tochter Mélanie, die den Winter über als Glasbläserin in Avignon arbeitet.

Das Kochen hat Martine sich selbst beigebracht, sie mischt die französische Küche mit Einflüssen aus aller Welt und zu einem Menü für 27 Euro. Dieses besteht aus einer Terrine mit grünen Bohnen und großartigen zarten Anchovis-Filets, wahlweise „Gratin de la Mer" mit Sardinen oder Madras Curry und zum Nachtisch Panna Cotta mit Aprikosen. Man kann auch nur eine Vor- und Hauptspeise nehmen oder à la carte bestellen. Dazu gibt es den Haus-Rosé Domaine de L'ile Saint Pierre.

Chez Xa Adresse: 24, boulevard Mirabeau, 13210 Saint-Rémy
Tel: 0033 (0)4 90924123 Öffnungszeiten: Montag, Dienstag,
Donnerstag – Sonntag 12.00 – 14.30 Uhr und 19.00 – 23.30 Uhr
Ende Oktober – Ende März geschlossen

Ein Gespräch mit Martine David

Besitzerin des Chez Xa

Es geht sehr persönlich in Ihrem Restaurant zu. Viele Gäste scheinen sich zu kennen ...

Ja, wir haben viele Stammgäste, Urlauber, die immer wieder herkommen und Einheimische sowieso. Viele schon seit vielen Jahren.

Das liegt bestimmt auch daran, dass Sie sich so rührend um Ihre Gäste kümmern.

Natürlich, wir kennen uns ja. Aber alle anderen sollen sich auch wohlfühlen.

Und Sie verwöhnen sie mit frischer Küche.

Ja, auf Frische und Leichtigkeit kommt es mir an. Ich bin Autodidaktin und habe nie professionell kochen gelernt. Ich tue es aus dem Bauch heraus und setze dabei auf hochkarätigen Fisch und frische Produkte aus der Umgebung.

Und auf einen indischen Touch.

Der zieht sich nicht durch die gesamte Küche, aber es gibt einige Gerichte mit indischem Einfluss, Currys vor allem. Als mein Mann noch lebte, haben wir die Winter immer in Madras in Indien verbracht. Das ist nicht ohne Folgen geblieben. Aber die französische Küche liebe ich genauso.

Und das, obwohl Sie aus Sizilien kommen.

Vielleicht kommt daher mein Faible für mediterran angehauchte Gerichte wie Auberginen-Mousse mit dünn geschnittenen Tomaten, Sardinen und Zucchini-Carpaccio. Jeder soll satt werden, aber man soll sich nach dem Essen auch gut und lebendig fühlen.

☞ Le Divin

In diese Weinbar kann man spätabends noch auf einen Drink gehen. Sie ist sehr beliebt, immer voll und dazu flirren kleine Lichter durch den Raum und überziehen die Gäste mit farbigen Sprenkeln – und genauso bunt ist auch das Publikum.

Adresse: 12, boulevard Gambetta, 13210 Saint-Rémy
Tel: 0033 (0)6 60081841
Öffnungszeiten: Täglich 18.00 – 2.00 Uhr

☞ Brasserie des Variétés

In dieser alteingesessenen Brasserie, die wie aus einem Gemälde von Toulouse-Lautrec aussieht, trifft sich die ganze Stadt. Man muss hier nicht unbedingt zu Abend essen. Aber es ist nett, mit einem Pastis oder einer anderen Spécialité de Provence wie Absinthe oder Gentiane, den Abend einzuläuten.

Adresse: 32, boulevard Victor-Hugo, 13210 Saint-Rémy
Tel: 0033 (0)4 90924261, Internet: www.lesvarietes.fr
Öffnungszeiten: Täglich 8.00 – 23.00 Uhr

SHOPPING IN SAINT-RÉMY

Das malerische Städtchen bietet sich wunderbar zum Shopping an: immer im Kreis herum, den Boulevard um den Stadtkern entlang und mit Abstechern in die verwinkelten Gassen. Dort wechseln sich kleine Spezialitäten-Geschäfte mit Boutiquen, Schuhläden und kleinen Krimskrams-Händlern ab, bei denen man Kinderspielzeug ebenso wie handbemalte Teller findet. Die neueste Mode kann man hier nicht unbedingt kaufen, eher viel Klassisches – und in einer Dependance des berühmten provenzalischen Textilherstellers Souleiado (10, boulevard des lices) stöbern. Schon Picasso trug gerne Hemden aus den farbenfrohen Stoffen, die nach indischem Vorbild gewebt und gefärbt werden, und auch Jeanne Moreau ließ sich Kleider daraus schneidern. In der Avenue de la Résistance 2 kann man Tücher, Tupfenkleider, Geschirr, Bettwäsche und Handtücher kaufen. Schön ist auch die Naturkosmetik von Florame (34, boulevard Mirabeau), die aus Ingredienzen der Provence hergestellt werden.

Saint-Rémy hat genau die richtige Größe, um ein paar Stunden von Geschäft zu Geschäft zu schlendern. Alles ist zu Fuß zu erreichen und zwischendurch kann man in einem der zahlreichen Cafés eine kleine Stärkung zu sich nehmen. Schön ist es auch, sich mit einem der grandiosen Kuchen vom Restaurant L'Aile ou la Cuisse an einem der schattigen Plätzchen oder an einer der zahlreichen Fontänen niederzulassen.

☞ Unsere Lieblingsläden

Le Petit Duc

Seit 19 Jahren stellt Hermann Van Beeck, der ursprünglich aus Kleve kommt,
köstliches Nougat, Biscuits und Calissons her. Die kleinen Mengen sind gut
zum Probieren und Kombinieren. Hübsch verpackte Mischungen und herbe
Kekse mit Rosmarin, Fenchel oder Thymian sind ein ideales Mitbringsel.

Adresse: 7, boulevard Victor-Hugo, 13210 Saint-Rémy
Tel: 0033 (0)4 90920831, Internet: www.petit-duc.com
Öffnungszeiten: Dienstag – Samstag 10.00 – 13.00 Uhr und 15.00 – 19.00 Uhr

Joel Durand

Eine Feinschmecker-Adresse für Schokolade, Pralinés und andere Köstlichkeiten. Sogar Caramel-Lutscher mit gesalzener Butter gibt es hier. Die Hauptrolle aber spielen die Schokoladen (toll: mit Rosmarin) und Pralinés wie die
mit Basilikum. Jede ist bei Durand mit einem Buchstaben aus Erdnussbutter
beschriftet.

Adresse: 3, boulevard Victor-Hugo, 13210 Saint-Rémy, Tel: 0033 (0)4
90923825 Internet: www.chocolat-durand.com, Öffnungszeiten: Dienstag –
Samstag 9.30 – 12.30 Uhr und 14.30 – 19.30 Uhr, Sonntag 10.00 – 13.00 Uhr

L'Aile ou la Cuisse

Es ist unmöglich, an der offenen Kuchentheke des Bistrot L'Aile ou la Cuisse
mit der Tarte aux Pêches, der Lavendel-Torte, dem hoch aufgetürmten Rum-
Soufflé und vielen anderen Köstlichkeiten vorbeizugehen. Man kann sie vor
Ort essen, aber auch mitnehmen.

Adresse: 5, rue de la Commune, 13210 Saint-Rémy, Tel: 0033 (0)4 32620025
Öffnungszeiten: Montag – Samstag 12.00 – 14.30 Uhr und 19.30 – 23.30 Uhr,
Januar und Februar geschlossen

La Fabresse

Kleine, feine Boutique des preisgekrönten Newcomers Jean-Philippe Montagard, der mit seiner modernen Ölmühle bereits zu den besten Ölproduzenten Frankreichs gehört. Sehr frische, grasige Aromen. Ideal zum Transport sind die Verpackungen, die teilweise aus Alu bestehen.

Adresse: 27, rue Carnot, 13210 Saint-Rémy, Tel: 0033 (0)4 90924068
Internet: www.lafabresse.unblog.fr

Le Meilleur de Monique Mayer

Der Käseduft haut einen schon um, wenn man die Tür öffnet. Ein Highlight: der cremige Ziegenkäse Proyen und Le Pavé St. Remois, Ziegenweichkäse mit lila Blüte. Bringen Sie Baguette mit, Monique belegt es Ihnen gerne.

Adresse: 1, place Joseph Hilaire, 13210 Saint-Rémy, Tel: 0033 (0)4 90923245
Öffnungszeiten: Dienstag – Samstag 8.30 – 12.30 Uhr und 14.30 – 19.00 Uhr,
Sonntag 8.30 – 12.30 Uhr

LE BISTROT DU PARADOU

Betritt man das Landgasthaus nahe Saint-Rémy, ist man in einer anderen Welt. In einer mit glänzend dunklem Holz und polierten Bistrotischen und in der es herrlich nach Pistou riecht. Hier muss man reservieren, denn auch die Einheimischen schwören auf die Qualität des Bistros. Manche von ihnen kommen täglich und gerne auch alleine. Wie die alte Dame, die an einem kleinen Tischchen sitzt, den Rotwein geöffnet und das Lamm vor sich.

Jean-Louis hat das Restaurant von seinem Vater übernommen und auch dessen Tradition, dass auf einer langen Holztafel steht, was es die Woche über gibt. Freitags immer Aioli, den provenzalischen Klassiker mit gedünstetem Gemüse, Weißfisch und Knoblauch-Mayonnaise. Der Rest der Woche ist variabel. Auf das Angebot auf dem Markt kommt es an, den frischen Fisch und das Fleisch aus der Region. Hase, Schnecken oder Lamm gibt es, Rotbarsch auf Basilikum, Rind mit grünen Bohnen und zum Abschluss Käse und das Dessert à la Maison. 49 Euro kostet das Menü, Wein und Kaffee inklusive, das sich schon Charles Aznavour und Jean Reno hier schmecken haben lassen. Kommt man herein, steht man sofort mittendrin im Gastraum, umgeben vom Klappern des Bestecks und von angeregten Gesprächen. Dass es ständig ausgebucht ist, wundert dabei gar nicht. Muss man mal etwas auf seinen Tisch warten, wird unter den Platanen vor dem Haus ein Aperitif serviert.

Le Bistrot du Paradou Adresse: 57, av. de la vallée des Baux, 13520 Paradou
Tel: 0033 (0)4 90543270 Öffnungszeiten: Dienstag – Samstag 13.30 – 16.00 Uhr
und 20.00 – 22.00 Uhr (Freitag und Samstag nur von Juni bis Oktober),
Sonntag und Montag geschlossen

undi

ERMÉ

M.A.

Mardi

TÊTE DE VEAU
OU
GIGOT
D'AGNEAU
DU PAYS

Mercredi

Lapin
à
la
Provençale

J

Vou

B

PRÉVÔT

Bei Jean-Jacques Prévôt steht alles im Zeichen der Melone. Selbst sein Restaurant ist in ihren Farben, in Gelb- und Orange-Tönen gehalten. Nicht gerade eine Wohlfühloase, sondern eher kühl-modern. Doch das gleicht Prévôts Tochter Sandra-Rose spielend aus, wenn sie mit strahlendem Lächeln die Gäste bedient. Geduldig erklärt sie das Menü, das sich ganz um die Melone dreht. Serviert wird sie mit Foie Gras (in einer Frühlingsrolle zusammen mit Fisch und Sesamsaat), mit Rind (als Terrine), mit Lamm oder mit Jakobsmuscheln. Der Hit des Prévôt ist allerdings das Melonen-Burger-Menü. Als Aperitif wird Mélanis, ein köstlicher Drink aus Melonenschnaps, Sternanis und Mandelsirup auf Eis serviert und dazu Parmesanküchlein mit Melone. Der Mac Prévôt bündelt Artischocke, Melonenketchup, Foie Gras, geröstete Zwiebeln, Salat, Parmesan und – natürlich – Melone zwischen zwei Brötchenhälften und schmeckt ausgesprochen lecker. Überraschend, wie gut Melone zu Fleisch und auch zu Fisch passt. Und wie es sich für einen richtigen Burger gehört, kann man den Mac Prévôt auch mitnehmen. In zehn Minuten ist er fertig und dazu gibt es einen Fruchtsalat und Bier to go (12 Euro). Besonders gut passt aber auch der kräftige Rosé Expression du Terroir 2009 dazu. Für den, der keine Melone mag, gibt es eine Auswahl an klassischen südfranzösischen Gerichten. Wer allerdings nicht genug von Melonen bekommen kann, sollte einen der Kochkurse Prévôts belegen.

Prévôt Adresse: 353, avenue du Verdun, 84300 Cavaillon
Tel: 0033 (0)4 90713243 Internet: www.restaurant-prevot.com
Öffnungszeiten: Dienstag – Samstag 12.00 – 13.45 Uhr und 19.15 – 21.45 Uhr

Ein Gespräch mit Jean-Jacques Prévôt

Inhaber des Prévôt

Wie sind Sie auf die Melone gekommen?

Durch Zufall. Als ich vor 30 Jahren nach Cavaillon kam, musste ich für die Speisekarte eines Restaurants ein Gericht entwickeln. Und da Cavaillon schließlich das Mekka der Melone ist, habe ich Rotbarbe mit Tomaten, schwarzem Pfeffer und Melone kombiniert. Das war ein großer Erfolg, sogar die Presse hat darüber berichtet und ich bin neugierig auf die Möglichkeiten geworden, die die Cavaillon-Melone bietet.

Wie entstehen Ihre Gerichte?

Für mich hat jedes Gericht seine eigene Seele. Ich kann bis heute nicht genug davon bekommen, den Duft der Melonen aufzunehmen, ihre Süße und die Sonne, die sie aufgesogen haben. Da läuft sofort ein Fülle an Variationen vor meinem inneren Auge ab. Ich behandle die Melone wie ein Gemüse und da sind die Möglichkeiten enorm. Und dann die Qualität, die wir hier haben, die gute Erde und das reine Wasser aus den Alpen.

Haben Sie ein Lieblingsgericht?

Im Moment sind das die Jakobsmuscheln an Melonen-Frikassee. Köstlich!

Und Sie malen sogar mit Melone.

Ja, das ist aber eher ein großer Spaß für mich. Die Bilder, die hier im Restaurant hängen, stammen alle von mir. Die Malerei ist mein Hobby und einige davon habe ich tatsächlich mit Melonenmarmelade gemalt.

☞ Melonen

Melonen sind ein nationales Gut der Provence. Sie werden auf Festen gefeiert und Bruderschaften kümmern sich um sie. Die ersten Melonen kamen im 15. Jahrhundert in die Umgebung von Cavaillon. Dort wurden sie im Namen des Papstes angebaut und machten sich prächtig.

Heute ist das Städtchen Cavaillon eine Melonenhochburg, in der es reichlich zu tun gibt. Schließlich liegt der französische Pro-Kopf-Verbrauch des beliebten Gemüses, das zu Parma-Schinken, als Suppe mit Krabben, zu Schweinebraten oder zu Schokolade gegessen wird, bei fast vier Kilo im Jahr. Die perfekte Melone erkennt man daran, dass ihr kleiner *pécou*, ihr unteres Schwänzchen, dieselbe Farbe wie der Rest der Schale hat. Als Zeichen der Reife ist er zudem rot umrandet. Ganz wichtig ist, dass die Schale der Melone nicht in neun oder elf, sondern in exakt zehn Spalten aufgeteilt ist. Klopft man sie ab, sollte sie außerdem hohl klingen und gleichzeitig fest und schwer in der Hand liegen.

Als Kürbisgewächs gehört die Melone eigentlich zu den Gemüsen, doch wegen ihrer Süße ordnet man sie den Früchten zu.

Saison hat sie in Cavaillon von Mitte Mai bis Oktober, erst in den Gewächshäusern und schließlich draußen im perfekt sonnigen und trockenen Klima.

LE MAS DE LA ROSE

Im 17. Jahrhundert haben in dem Landhaus Schafhirten gelebt. Heute kann man im Mas de la Rose so luxuriös wie ungestört entspannen. In dem riesigen Park mit Olivenbäumen, Pinien und Lavendelfeldern, am großen Pool, der sanft an einem angelegten Strand ausläuft, bei Golf und Tennis und auf kleinen privaten Terrassen. Alles ist in zarten Farben eingerichtet, Crème- und Sandfarben herrschen vor, warme Grautöne, Erdfarben und natürliche Materialien. Fabienne Luron-Huppert hat ein sicheres Gespür, Eleganz mit Gemütlichkeit zu verbinden und so fühlt man sich hier herrlich wohl. Man kann am Kamin und in den lichten Zimmern mit ihren hell verputzten Wänden, mit Louis-quinze-Möbeln, gekachelten Böden und frischen Blumen entspannen. Manchmal wünscht man sich vielleicht etwas mehr Patina, denn das Mas de la Rose ist mit solcher Perfektion renoviert, dass es manchmal fast zu glatt wirkt. Doch die Ungestörtheit ist unschlagbar.

Tagsüber kann man am Pool Salate essen, abends wird bei Kerzenlicht ein provenzalisches Dinner serviert. Auch das natürlich in himmlischer Ruhe. Kaum zu glauben, dass die kleine Ortschaft Eygalières nur fünf Minuten entfernt ist. Lässt man seinen Blick bis zum Horizont schweifen, hat man das Gefühl, weitab von allem zu sein.

Wenn immer möglich, ist Fabienne Luron-Huppert persönlich vor Ort, umsorgt ihre Gäste und hat viele Tipps für Ausflüge.

Le Mas de la Rose Adresse: Route d'Eygalières, 13660 Orgon
Tel: 0033 (0)4 90730891 Internet: www.mas-rose.com
Preise: DZ ab 190 Euro, Frühstück 22 Euro pro Person

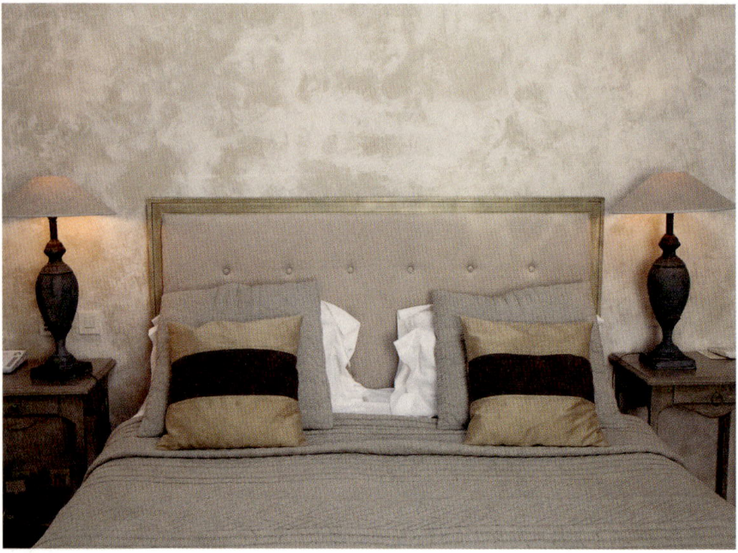

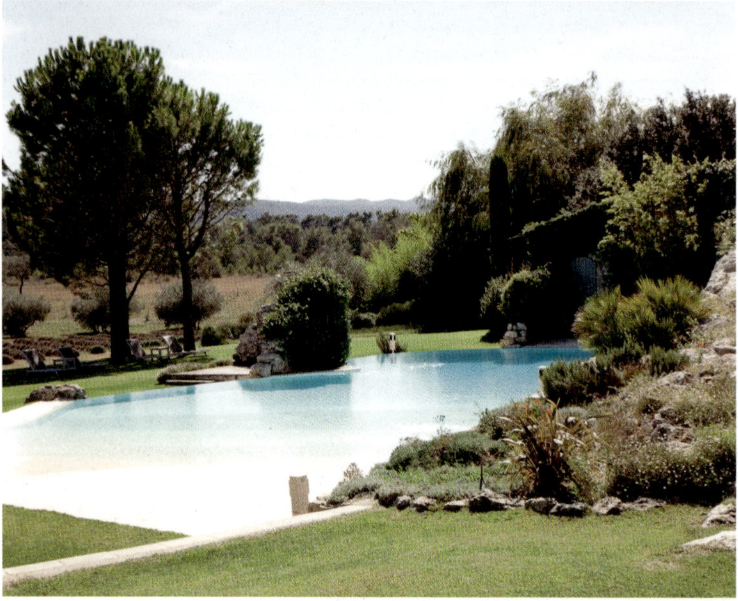

AVIGNON

Hat man die Stadtmauer durchquert, ist man von dem mittelalterlichen Charme Avignons sofort gefangen. Leuchtend ocker strahlt der Palais des Papes, der größte gotische Herrschaftssitz der Welt. Er überragt mit seinem Turm die Stadt und erinnert daran, wie Papst Clément V., der im 13. Jahrhundert aus Rom nach Avignon floh und den Grundstein für eine der schönsten Städte der Welt legte.

Man kann sich durch die Gassen treiben oder sich auf den Aussichtsterrassen des Rochers des Doms niederlassen. Von dem beliebten Park aus hat man einen großartigen Blick über die Landschaft von Villeneuve bis zum Mont Ventoux und kann so am besten die Essenz des beeindruckenden Ortes erfassen. Neben vielen anderen Sehenswürdigkeiten, und von denen gibt es in Avignon viele, ist natürlich noch der Pont d'Avignon, den Mireille Mathieu besang und ihm zu neuem Ruhm verhalf, einen Blick wert. Auch weil man von dort aus schön auf die Stadt schauen kann.

Trotz aller Historie ist Avignon ein junges, lebhaftes und modernes Universitätsstädtchen mit einem umfangreichen Kulturangebot – und dem berühmten Festival d'Art Dramatique. Jedes Jahr im Juni/Juli verwandelt sich die Stadt selbst in eine Theaterbühne. Gaukler, Pantomimen, Jongleure und Clowns bevölkern die Straßen, im Ehrenhof des Papstpalastes inszenieren Größen wie Peter Brook, Sasha Waltz, Jan Fabre und Christoph Marthaler, und in Hinterhöfen und Off-Theatern blühen experimentelles Schauspiel und Tanz, Performance und Kleinkunst.

LA MIRANDE

LA MIRANDE

Im Schatten des Papstpalastes geht man auf eine Zeitreise. Zurück in die Provence des 19. Jahrhunderts ausgestattet mit schönstem Luxus. Das 4-Sterne-Hotel ist ein stilvolles und wohliges Hide-away, ein Paradies aus bunten Stoffen und gemusterten Tapeten, kleinen goldenen Lichtschaltern und Gemälden, die im perfekten Stilmix aufeinandertreffen. Die Steins, ein norddeutsches Ehepaar, das lange in den Arabischen Emiraten lebte, haben das 700 Jahre alte Palais gekauft, als sie in Rente gingen, und mit Antiquitäten und Wohnlichkeit bestückt. Wo einst ein Kardinal lebte, warten heute perfekt gereifte Feigen mit Silbermesserchen auf dem Zimmer. Man schwelgt in Toilettenprodukten von Dr. Hauschka, schlüpft abends in wunderbare Leinenlaken und kann dabei den Blick über den Papstpalast schweifen lassen, der in leuchtend orangefarbenes Licht getaucht ist. Heute führen die Kinder das Hotel, in dem jedes Zimmer unterschiedlich eingerichtet ist: von den Tapeten und Möbeln zu den Böden, die aus Holz, Stein, Teppich oder gekachelt sind, manche in surreal dreidimensionalem Muster. Die Perfektion verschlägt einem jedes Mal den Atem, wenn man um eine der zahlreichen Ecken biegt und wieder etwas Neues entdeckt. Zum Frühstück, das wahlweise im Garten oder im sonnigen Frühstücksraum serviert wird, gibt es Joghurt und Trockenobst, Baguette und verschiedenste Marmeladen, frische Früchte und Cerealien, so üppig und geschmackvoll wie das Haus selbst.

La Mirande Adresse: 4, place de la Mirande, 84000 Avignon
Tel: 0033 (0)4 90142020 Internet: www.lamirande-avignon.com
Preise: DZ ab 310 Euro, Frühstück 24 Euro pro Person

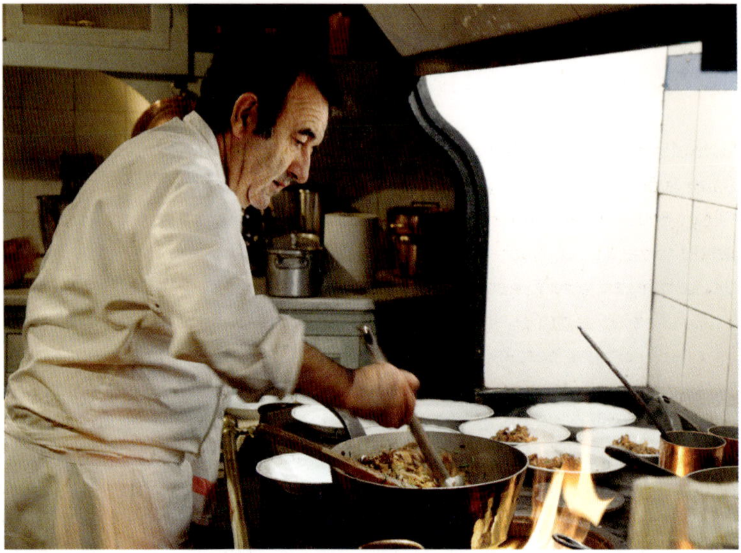

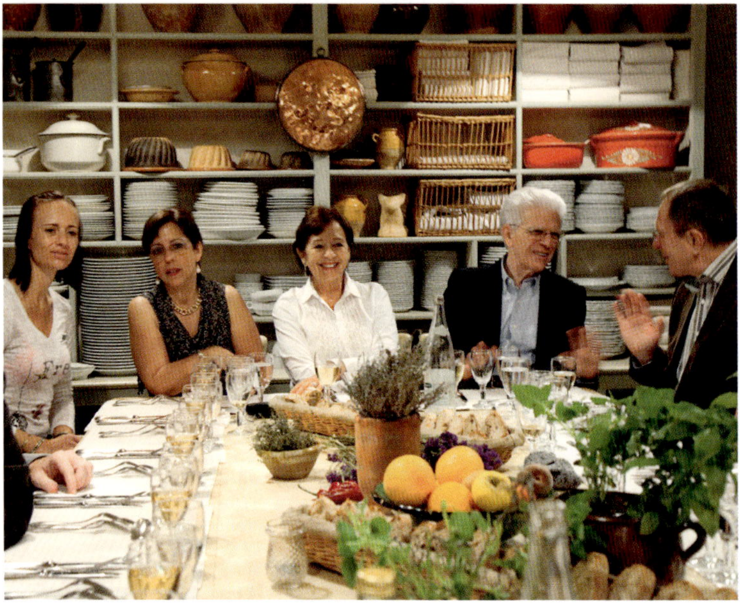

☞ Table d'Hôte mit Jean-Claude Altmayer

Einmal in der Woche spielen sich im Keller des Mirande wundersame Dinge ab. Dann lädt Chef-cuisinier Jean-Claude Altmayer zum beliebten Table d'Hôte. Für 90 Euro (inklusive Weinen) nimmt man an einem großen alten Holztisch direkt in der Küche Platz – vor antiken Schränken, unter Pfannen, die von der Decke hängen, und gegenüber dem offenen Herd, an dem Altmayer köchelt, brät, flambiert, schnipselt und die Flammen züngeln lässt.

In ungezwungen persönlicher Atmosphäre serviert Altmayer gemäß der Saison Rucola mit Pfifferlingen, Monkfisch mit Gambas und Feigen mit Balsamico, während er über dem Feuer seine Kunststückchen vorführt, mit den Gästen schäkert, Zutaten und Zubereitung erklärt oder kleine Tänze vollführt. Dazu empfiehlt der erst 20 Jahre alte Sommelier Thomas Fournier einen 2006er Côtes Du Rhône von Jean-Pierre Vogt oder wahlweise einen 2005er Côtes Du Rhône L'Escale Sérine und lässt einen auf Wunsch auch einen Blick in den Weinkeller mit seinen Raritäten werfen.

Da es nur zwölf Plätze gibt, die Mengen kalkuliert werden müssen und der Table d'Hôte sehr beliebt ist, sollten Sie auf jeden Fall reservieren.

MARKTTOUR
LES HALLES D'AVIGNON

Die Markthallen sind aus Avignon nicht wegzudenken. Mitten in der Altstadt, in einem modernen und grün bewachsenen Gebäude sind sie nicht gerade eine mittelalterliche Schönheit, bieten aber viele Köstlichkeiten. Während am Stand von „La Maison de Fromage" der supercremige Ziegenkäse *Véritable Banon* angeboten wird, kann man in der Bäckerei „Panissan" das köstliche *Levain naturel* dazu kaufen, Sauerteigbrot, das von einem großen Laib je nach Wunsch abgeschnitten wird. Oder man probiert an Martins Antipasti-Stand „Ails Confits" den Knoblauch, der so lange eingelegt ist, dass er nach Mandel schmeckt. An der kleinen Bar „Buvette chez Stéphane" kann man sich ein Glas Wein bestellen und dazu seine frisch eingekauften Schätze an einem der kleinen Tische essen. Sie richten sie Ihnen gerne auch auf Tellern an, das hat Tradition.

In „Les Halles" kann man aber nicht nur einkaufen, sondern auch kochen lernen. Jeden Samstag um 13 Uhr bindet sich der „Concept Chef" Julien Charvet in seiner Schauküche die Kochschürze um und bittet zum „Cours de Cuisine". Erst einmal schickt er die Teilnehmer zum Einkaufen, gibt Tipps zur Qualität der Produkte und erklärt Beschaffenheit und Reife. Anschließend werden kunstgerecht Doraden filetiert, Ingwer-Püree gerührt und Zucchini-Gemüse gedünstet. Es geht locker und sehr fachmännisch in Juliens Küche zu und Kinder sind ebenso erwünscht wie blutige Amateure.

Les Halles d'Avignon Adresse: Place Pie, 84000 Avignon
Tel: „Concept Chef" Julien Charvet 0033 (0)6 70385121
Internet: www.avignon-leshalles.com Öffnungszeiten:
Dienstag – Freitag 6.00 – 13.30 Uhr, Samstag – Sonntag 6.00 – 14.00 Uhr

LE GRAND CAFÉ

Im Schatten des Papstpalastes mit seinen 50 Meter hohen Mauern sitzt man ganz wunderbar unter Magnolienbäumen und Lichterketten. In der alten Lagerhalle sind die Wände im Streifenlook mit Stoffbahnen bespannt. Es herrscht moderner Bistro-Stil mit kleinen Holztischen, zitronengelben Acryllämpchen, Industriesäulen und kunstvoll rohen Wänden. Genauso modern wie die Einrichtung ist das junge Küchenteam, das einen Mix aus französischer, spanischer, italienischer und marokkanischer Küche bietet. Als Vorspeise gibt es Schwert- und Thunfisch-Carpaccio, dann Orecchiette mit frischen Tomaten und Parmesan, Hasen mit sautierten Tomaten und Oliven oder ein Menü, das mittags 18 Euro und am Abend 28 Euro kostet.

Das Le Grand Café ist unprätentiös, der Ort spektakulärer als die Küche, die aber voller Überraschungen, einfach und frisch ist. Auch deswegen kommen viele Einheimische hierher. Zum Dinner oder nach dem Kinobesuch im „Utopia" gleich nebenan, einem schönen und ambitionierten Autoren- und Programmkino mit Filmreihen von Cannes-Gewinnern über Woody Allen zu Pina Bausch. Vorbeikommen kann man im Grand Café auch nur auf einen After-Cinema-Drink oder zwischendurch auf einen Kaffee. Es liegt inmitten der wichtigsten Sehenswürdigkeiten. Und im stillen Schatten der Treppen zum Rocher des Doms kann man wunderbar entspannen und fühlt sich herrlich mittendrin im authentischen Avignon.

Le Grand Café Adresse: La Manutention, 4, rue des Escaliers Ste-Anne,
84000 Avignon Tel: 0033 (0)4 90868677
Internet: www.legrandcafe-avignon.fr
Öffnungszeiten: Sonntag und Montag geschlossen

☞ Bistrot d'Utopia

Eine Alternative zum Le Grand Café ist das Bistro d'Utopia, das im schönsten Art-déco-Stil französische Küche von Champignon-Tarte und Entenfilets (Hauptgerichte ab 14 Euro) serviert. Es liegt direkt am Eingang des Utopia-Kinos und ist jeden Abend gemütlich voll.

Adresse: La Manutention, 4, rue des Escaliers Ste-Anne, 84000 Avignon
Tel: 0033 (0)4 90270496
Öffnungszeiten: Montag – Freitag 14.00 – 24.00 Uhr, Samstag – Sonntag 12.00 – 24.00 Uhr

☞ La Cave St.-Marc in Villeneuve-lès-Avignon

Nicht weit vom Zentrum Avignons entfernt, einmal über die Rhône, befindet man sich in einer anderen Welt. Dorthin zogen sich einst die Kardinäle zurück, denen das muntere Treiben in Avignon missfiel. Mit seiner hölzernen Terrasse schlängelt sich das Weinlokal „La Cave St.-Marc" steil die Straße hoch. Geöffnet ist es je nach Bedarf auch am späteren Abend, ein guter Ort für einen Wein und Tapas unter Einheimischen.

Adresse: 7, place St. Pons, 30400 Villeneuve-lès-Avignon
Tel: 0033 (0)4 90254348

ARLES UND CAMARGUE

Die Hauptstadt der Camargue liegt zwischen Weinstöcken und blühendem Mohn, Stier- und Pferdeweiden und rauschendem Korn. Gardians nennen die Cowboys sich, die kleine rote Halstücher und schwarze Hüte tragen, die die stolzen Camargue-Stiere zusammentreiben und sich in dem provenzalischen Stierkampf Course Camarguaise mit ihnen messen. Rosa Flamingos gehören ebenso zum Bild der sanften Landschaft wie weiße Camargue-Pferde und Wasser. Zwischen die beiden Mündungsarme der Rhône schmiegt sich das Biotop, in dem auch der bekannte Reis angebaut wird.

In Arles hingegen drängen sich römische und romanische Kulturdenkmäler dicht an dicht und es findet samstags einer der schönsten Märkte der Provence statt. Außerdem lassen sich, wie auch in Saint-Rémy viele Spuren van Goghs finden. Hier lebte er im Maison jaune, etwas außerhalb der Stadtmauern, das heute nicht mehr steht. Hier schnitt er sich das Ohr ab, wickelte es in einen Stofffetzen und überreichte es seiner Lieblingsprostituierten im Maison de Tolérance (heute das Kaufhaus Monoprix). Das Bürgertum sah angesichts des exzentrischen Mitbürgers Rot, beschwerte sich bei der Stadt und auf eigenen Wunsch wies sich van Gogh in die psychiatrische Klinik von Saint-Rémy ein. Heute rühmt Arles sich mit seinem berühmten Gast. Es besitzt jedoch kein Original von ihm und lässt bei seiner Van-Gogh-Vermarktung manchmal allzu sehr die Fantasie spielen. Dennoch ist es interessant, sich auf einen Van-Gogh-Spaziergang zu begeben, zu dem das Tourismusbüro eine Broschüre erstellt hat.

GRAND HÔTEL NORD-PINUS

Dieses Hotel ist eine Legende. Picasso hat hier gewohnt, Yves Montand und Hemingway. Helmut Newton hat Charlotte Rampling nackt auf einem Tisch fotografiert und Jean Cocteau sich in den Stierkämpfer Domiguin verliebt. Zur Corrida in Arles sind die Stierkämpfer immer dort abgestiegen und haben von den Balkonen die jubelnde Menge auf dem Place du Forum gegrüßt. Mit Grandezza und Fingerspitzengefühl hat Anne Igou den ehrwürdigen Ort in einen Bohemian-Palais verwandelt, der alte glamouröse Zeiten beschwört. Seinen besonderen Charakter zeigt er schon von Außen mit einer Fassade, die von einer Säule eines römischen Tempels, der hier einst stand, durchbrochen wird. Innen wechseln sich türkische Laternen mit Sixties-Chic mit verblichenen Kelims und Fotografien ab. Im Foyer hängt eine Afrika-Serie des legendären Peter Beard, im Restaurant finden unterschiedlichste Ausstellungen statt und in den Fluren kann man sich gar nicht satt sehen an den Fotografien Peter Lindberghs, mit dem Anne Igou zehn Jahre lang liiert war, kombiniert mit Torrero-Plakaten und mexikanischer Folklore. Igou hat ein unfassbares Talent für Farben, kombiniert graue Wände mit petrolfarbenen Sixties-Sesseln und selbst die Aussicht auf das ockerfarbene Arles ist den Tönen in den lichten Zimmern angepasst.

Ein perfekter Ort mit kleinen Tischen auf dem Platz, an denen Igou am Abend selbst sitzt. Einzig das Frühstück ist etwas frugal, in Kürze soll allerdings ein Bistro eröffnet werden.

Grand Hôtel Nord-Pinus Adresse: Place du Forum, 13200 Arles
Tel: 0033 (0)4 90934444 Internet: www.nord-pinus.com
Preise: DZ ab 170 Euro, Frühstück 15 Euro

Ein Gespräch mit Anne Igou
Besitzerin des Nord-Pinus

Sie haben in der ganzen Welt gelebt, bevor Sie nach Arles zurückkamen. Was hat Sie bewegt, dieses Haus zu kaufen?

Ich war Ärztin und wollte noch mal etwas Neues anfangen. Dieses Haus und seine Geschichte haben mich immer fasziniert. In den Anfängen kamen die Mädchen aus den Cabarets hierher, hier wurde Flamenco getanzt, die Stierkämpfer haben hier gewohnt. Nach dem Krieg hat es einem Clown und Seiltänzer gehört und als er in den 6oern gestorben ist, hat seine todunglückliche Frau es nach und nach verfallen lassen. Den freien und besonderen Geist, der durch diese Wände weht, wollte ich auf jeden Fall erhalten.

In Ihrem Haus mischen Sie gekonnt viele Stile. Provenzalische Möbel neben mexikanischen Gemälden, moderne Fotografie zu 2oer-Jahre-Dekor.

Arles ist eine mediterrane Stadt mit einer tollen Mischung an Leuten. Franzosen leben hier, Araber, Portugiesen, Spanier, Italiener, viele Gypsies und Menschen aus aller Welt. Diesen Mix, den ich so liebe, möchte ich auch in meinem Haus erhalten.

Dekorieren Sie oft um?

Ja ständig. Ich ersteigere neue Möbel, kaufe neue Bilder. Christian Lacroix wird Etwas neu gestalten, eine Brasserie kommt hinzu. Ich möchte, dass meine Gäste sich überrascht fühlen, dass sie hier etwas ganz Neues kennenlernen, ein neues, ganz besonderes Lebensgefühl. Und ich liebe es, Dinge selbst zu designen. An den geschweißten Kopfteilen der Betten und vielen anderen Kleinigkeiten habe ich mich versucht.

☞ Stierkämpfer-Tradition

Das antike Amphitheater ist nach Nîmes der berühmteste Ort für Stierkämpfe in Frankreich. Schon Picasso hatte eine Ehrenloge hier und reiste regelmäßig zur Saison an. Sie geht von Ostern („Feria de Pâques") bis in den September („Feria du Riz"), zieht jedes Jahr mehr als 500.000 Besucher an und die Bewohner von Arles auf die Straßen. Die Altstadt verwandelt sich in eine Festmeile mit Umzügen, Musik und Sangria. Früher haben die Toreros stilvoll im Nord-Pinus gewohnt, wurden von den Frauen angehimmelt, von ihren „aficionados" wie Popstars verehrt, haben mit Künstlern gefeiert und Hollywood-Diven wie Ava Gardner betört.

Heute ist die Corrida nicht unumstritten – doch es gibt zwei Arten des Wettkampfs: die spanische blutige Corrida und den Stierkampf auf provenzalische Art. Der sogenannte Course Camarguaise ist ein spielerisches Kräftemessen zwischen Mensch und Tier.

Sind Stiere und Menschen feierlich in die Arena eingezogen, beginnt ein Wettkampf, bei dem der Raseteur, wie der Torero genannt wird, versucht, dem Stier eine rot-weiße Rosette, die zwischen seinen Hörnern angebracht ist, zu entreißen.

Der Course Camarguaise findet vor allem in den Sommermonaten statt und ist ein beliebtes und unblutiges Familienvergnügen. Höchstens die Raseteure, ganz in Weiß und mit einem roten Halstuch gekleidet, bekommen mal ein paar, meist harmlose blaue Flecken ab.

☞ Hôtel l'Amphithéâtre

Eine preiswerte Unterkunft und zwar mitten in der Altstadt und um die Ecke
der Stierkampfarena gelegen, ist das Hôtel l'Amphithéâtre. Die Räume sind
in Weinrot und anderen gedeckten Tönen gehalten, manche von ihnen haben
Balkone, alle ein schönes, sandfarbenes Bad. Das Hôtel l'Amphithéâtre hat
nicht die Grandezza des Nord-Pinus, ist aber eine angenehme Alternative.

Adresse: 5-7, rue diderot, 13200 Arles
Tel: 0033 (0)4 90961030, Internet: www.hotelamphitheatre.fr
Preise: DZ ab 55 Euro, Frühstück ab 7,50 Euro

BUMMEL DURCH ARLES

Man kann wunderbar durch Arles spazieren, an der Stadtmauer entlang, der Rhône – und durch die engen Gassen. Aber immer schön auf dem Bürgersteig, denn die Arlesen fahren rasant.

Oft wird einem dabei das Wahrzeichen der Stadt, die „schönen Arleserinnen" begegnen, drei Damen in wallenden Röcken, mit Spitzentüchern und Schirm, deren Anmut seit dem 19. Jahrhundert gepriesen wird.

Das Städtchen ist klein, aber ein großes kulturelles Juwel. Van Gogh hat in Arles das „Café de Nuit" gemalt, das bis heute von dessen Ruhm zerrt (Place du Forum) und man sollte dort allenfalls einen Kaffee trinken. Für begleitendes Baguette ist die „Pâtisserie du Forum" am schräg gegenüber liegenden Ende des Platzes genau der richtige Ort. Dort bezieht auch das noble Hôtel Nord-Pinus diese knusprige Köstlichkeit.

Mehrere Routen führen an Denkmälern der Antike und des Mittelalters entlang, an Kirchen, einem fantastischen Amphitheater und Museen. Zwischendurch kann man durch zahlreiche Kunstgewerbe- und Feinkostgeschäfte streifen – und zumindest schauen kann man mal in der Boutique es berühmten Sohnes der Stadt, des Modedesigners Christian Lacroix (52, rue de la république), oder bei F. Dervieux (5, rue Vernon), wo seit 1884 Möbel und antikes Spielzeug verkauft werden. Am schönsten bummelt es sich den Boulevard des Lices mit seinen vielen Cafés entlang. Hier findet am Samstag auch der Wochenmarkt statt, der einer der schönsten der Provence ist.

☞ Le Galoubet

Ganz um die Ecke vom Nord-Pinus liegt das kleine Restaurant von Céline und Franck Arribart. Unter einem lauschigen Strohdach kann man für 27 Euro ein schlichtes, aber leckeres Menü essen: mit Salat aus alten Tomaten und in Butter geschwenktem Fisch. Das Team ist jung, die Atmosphäre auch. Es liegen Flyer von Theatern und Museen aus und Kunstposter hängen an der Wand.

Adresse: 18, rue de docteur Fanton, 13200 Arles
Tel: 0033 (0)4 90931811
Öffnungszeiten: Täglich 12.00 – 15.00 Uhr, 19.00 – 23.00 Uhr

☞ La Charcuterie

An den Wänden hängen lebensgroße, bunt bemalte Bullenköpfe, in Fell oder ganz in Silber. Darunter drücken sich kleine Samtsofas den schmalen Raum entlang. Der Rest der Bullen landet auf den Tellern, neben zartem Lamm und einer Entenbrust (24 Euro), die zu der besten der Stadt gehören soll. Die Charcuterie ist ein Bistro für Fleischliebhaber, ein herrlich lauschiges Plätzchen und immer voll. Im Sommer schmiegen sich ein paar kleine Tischchen an die Fassade.

Adresse: 51, rue des arènes, 13200 Arles
Tel: 0033 (0)4 90965696, Internet: www.lacharcuterie.camargue.fr
Öffnungszeiten: Dienstag – Samstag 12.00 – 13.30 Uhr und 19.30 – 22.00 Uhr

☞ Librairie Actes Sud

Was Arles kulturell und intellektuell von sich hält, zeigt dieser großartige Buchladen. Nahe der Stadtmauer liegt er in einer kleinen Gasse und präsentiert ein schier unglaubliches Angebot: von Kesselkramers rarem Fotobuch über ein koreanisches Kaninchen, das alles Mögliche auf seinem Kopf balancieren kann, zu Jonathan Franzens „Freedom", vielen Klassikern, CDs und Tischen, an denen man endlos stöbern kann. Angeschlossen ist zudem ein Programmkino.

Adresse: Place Nina-Berberova, 13200 Arles
Tel: 0033 (0)4 90495677, Internet: www.librairieactessud.com
Öffnungszeiten: Dienstag – Samstag 9.30 – 19.30 Uhr, Montag 14.00 – 19.30 Uhr

☞ Museen

Kleines Städtchen, viele Museen: im Musée de l'Arles Antiques (Presqu'île du cirque romain) kann man die Stadtgeschichte von 2500 v. Chr. bis in die Antike studieren. Von der Aussichtsterrasse hat man einen schönen Blick über den römischen Zirkus. Das Museé Arlatan (rue de la république) ist eine überbordende volkskundliche Wunderkammer mit Trachten, Möbeln und Keramik, das auf Initiative des Dichters und Nobelpreisträgers Fréderic Mistral entstanden ist. Das Musée Réattu (10, rue du Grand Prieuré) zeigt u. a. Zeichnungen von Picasso. Und für die Zukunft ist Großes geplant. Stararchitekt Frank Gehry wird auf einem ehemaligen Industriegelände das „Zentrum für Fotografie und digitale Bilder" bauen, einen riesigen Komplex, der Arles zum Mekka für Fotografie machen soll.

LA CHASSAGNETTE

Man fährt durch rauschende Felder, biegt auf einen Parkplatz, geht ein paar Schritte – und steht im Paradies: im Restaurant von Armand Arnal, dem ersten französischen Bio-Restaurant Frankreichs mit einem Stern. Die ehemalige Schäferei grenzt an einen riesigen Garten mit Obst, Gemüse und unzähligen Kräutern, in dem jeden Morgen gepflückt wird, was Arnal mittags und abends serviert. Im Sommer sitzt man auf einer lauschigen Terrasse, auf der Sprenkel von Sonnenlicht durch das Strohdach auf die langen Holztische fallen. Und während man auf das Lunchmenü (34 Euro) wartet, kann man von dort aus seinen Blick hin zu rankenden Rosen, leuchtenden Margeriten und üppigen Quittenbäumen schweifen lassen oder einen kurzen Spaziergang machen.

Die Weinkarte ist übersichtlich nach Preisen sortiert und der Rosé Coteaux Varois 2009 ist weich, fruchtig und leicht. Er passt hervorragend zu der Geflügelterrine mit schwarzen Oliven und Zitronen-Confit oder der köstlichen Meeräsche mit Muscheln, Aioli und Gemüse der Saison. Die Knoblauch-Mayonnaise ist leicht und auf den Punkt abgeschmeckt. Das Gemüse ist eine perfekte Kombination aus grünen Bohnen, roten Rübchen und vielen Kräutern. Sehr gut als Schlusspunkt: das erfrischende Blaubeersorbet.

La Chassagnette ist der perfekte Platz – entspannt, pittoresk und wildromantisch. Ganz so, wie man sich schönstes provenzalisches Landleben vorstellt.

La Chassagnette Adresse: Domaine de l'Armellière, Le Sambuc,
13200 Arles Tel: 0033 (0)4 90972696 Internet: www.chassagnette.fr
Öffnungszeiten: 12.00 – 15.00 Uhr und 19.00 – 23.00 Uhr, Dienstag
und Mittwoch geschlossen

Ein Gespräch mit Armand Arnal

Besitzer und Maître de Cuisine des La Chassagnette

Sie haben einen wunderbaren Garten. Wie viele Gemüse wachsen darin?

Wenn man die Gemüse, die Kräuter und Blumen zusammenzählt, die wir verarbeiten, sind es um die 180.

Darunter sollen auch ein paar sehr alte Sorten sein.

Ja, wir versuchen, hier auch sehr alte Gemüsesorten zu ziehen und Gemüse aus der ganzen Welt. Wie Karotten aus Kyoto, die sehr lang und dünn sind und einen außergewöhnlich intensiven Geschmack haben. Wir lassen uns Samen schicken und bauen sie hier an oder Auberginen aus Afrika, die sehr klein, rot und sehr kräftig sind.

Haben Sie ein Lieblingsgemüse?

Nein. Wenn man mit einem Garten wie diesem arbeitet und ganz nach den Jahreszeiten geht, wechselt das Angebot so beständig, dass wirklich keine Langeweile aufkommt.

Wie planen Sie Ihr Menü?

Ganz aus dem Garten heraus. Am Anfang der Woche schauen wir, was in bester Reife steht und danach stellen wir dann jeweils das Menü zusammen.

Bei uns war es eine köstliche Aioli.

Ja, aber das ist auch immer anders. Natürlich stimmen die Grundzutaten wie Fisch und eben Aioli, aber was es dazu gibt und in welcher Kombination kommt ganz auf den Garten an.

Das hört sich wie die perfekte Idylle an.

Ist es auch. Aber ich habe vorher sechs Jahre lang bei Alain Ducasse in New York gekocht und vermisse die Stadt wahnsinnig. Immer wenn ich Urlaub habe, lasse ich das Land sofort hinter mir und fahre dorthin.

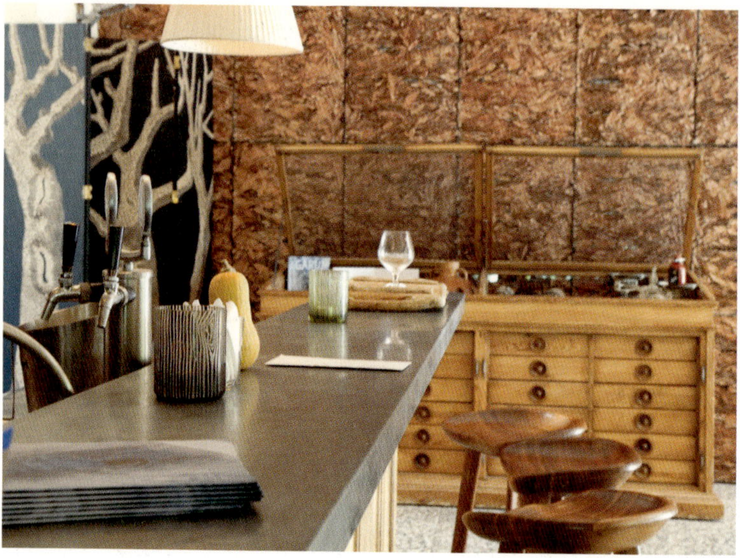

Aubergine
Purple cluster

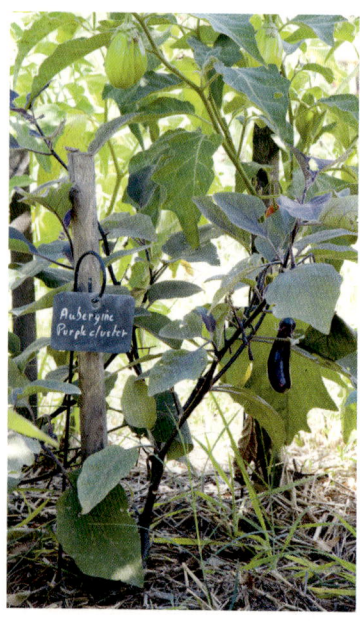

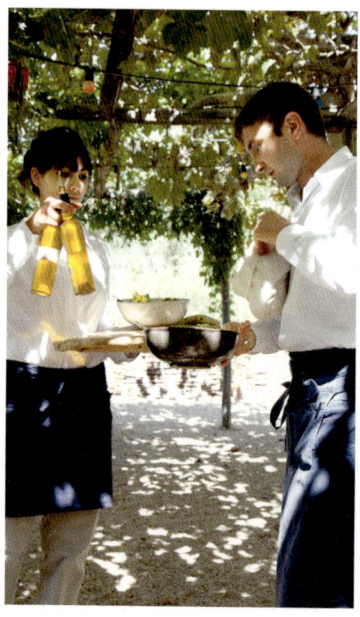

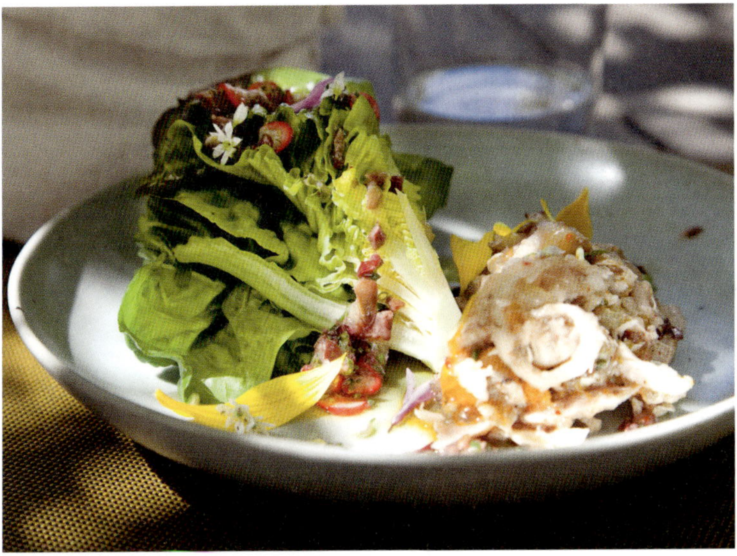

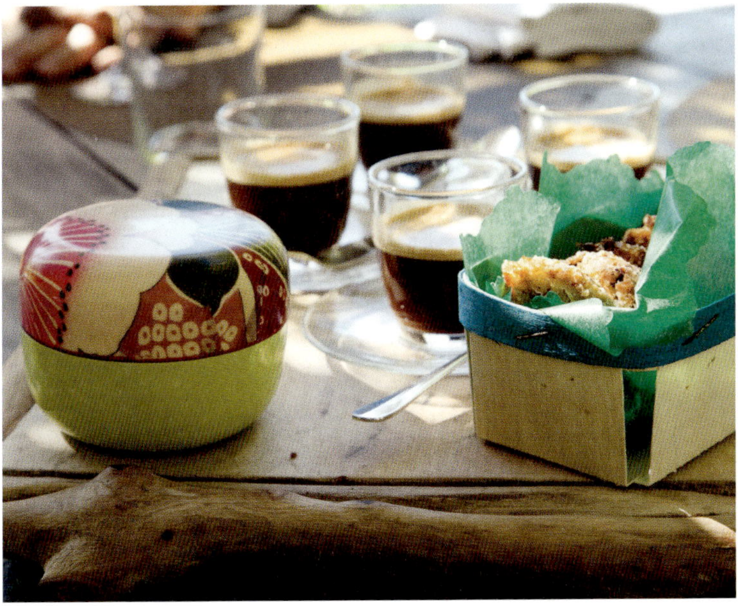

Weißfisch mit Aioli & Gemüse der Saison

4 Personen

Nehmen Sie die Fische aus und filetieren Sie sie. Schneiden Sie jedes Filet in drei Teile. Schälen und schneiden Sie den Knoblauch, die Karotten, Kartoffeln und das sonstige Gemüse, das Sie verwenden.

Für die Aioli kochen Sie das Ei wachsweich und nehmen das Eigelb heraus. Mischen Sie das Eigelb, den gepressten Knoblauch und 50 ml des Fischfonds mit dem Olivenöl. Salzen und pfeffern Sie es.

Pochieren Sie das Gemüse in dem restlichen Fischfond und kochen Sie dieses nach und nach gar, aber so, dass es noch bissfest ist. Pochieren Sie anschließend das Fischfilet einige Minuten in demselben Fond. Beachten Sie dabei, dass der Fisch sehr schnell gar wird. Seine Haut sollte auf jeden Fall geschlossen bleiben.

Richten Sie jeweils drei Stücke Fisch und ein bisschen von jedem Gemüse auf dem Teller an und übergießen Sie das Ganze mit etwas Aioli. Zum Schluss tröpfeln Sie kurz vor dem Servieren ein wenig Olivenöl über jede Portion.

2 Weißfische (ca. 1,5 kg)
Gemüse der Saison (z.B. Karotten, Rüben, grüne Bohnen, Radieschen, Kartoffeln)
1 Ei
100 ml fruchtiges Olivenöl
3 Knoblauchzehen
2 l Fischfond

SMART
TRAVELLING

Die Provence ist groß, darum ist dieser Infoteil so klein. Hier erfahren Sie nicht alles und jedes, sondern genau das, was Sie für eine perfekte Woche brauchen. Wenige, aber genau die richtigen Informationen: Wissenswertes über die provenzalische Lebensart, eine kleine subjektive Auswahl an Sehenswürdigkeiten, Spaziergängen und Tipps für Unternehmungen die ganze Woche über. Dazu eine Karte mit all unseren Lieblingsadressen, damit Sie nicht lange suchen müssen, sondern gleich anfangen können, die Provence zu genießen.

DIE PROVENCE & DIE KUNST

Das fantastische Licht, die leuchtenden Farben und die spektakuläre Natur der Provence haben in der Vergangenheit viele berühmte Maler angezogen: van Gogh, Cézanne, Picasso, Gauguin, Léger – und auf ihren Spuren kann man zwischen Nizza und Orange so lebensnah wandeln, wie es sonst selten möglich ist.

In der Provence kann man Kunstgeschichte erlaufen. Immer wieder kommt man an Motiven vorbei, die man von weltberühmten Gemälden kennt.

Die Gemeinden pflegen ihr kulturelles Erbe. Manchmal vielleicht etwas übereifrig wie in Arles, wo van Gogh einst ein so unwillkommener Gast war, dass die Stadt nie ein Gemälde von ihm erhielt. Heute dagegen ist er umso willkommener und zwar so sehr, dass Gebäude so angemalt werden, dass sie seinen verfremdeten Gemälden entsprechen. Oder es wird eine Schleuse als Van-Gogh-Motiv ausgeschildert, die zwar ganz in der Nähe des Vorbildes liegt und auch ähnlich aussieht, dessen Original aber selbst längst verfallen ist. Dennoch kann man sich lustvoll auf die Spuren der berühmten Maler begeben, ausgeschilderte Routen entlangschlendern, unzählige Museen und Ateliers besuchen und immer wieder Original-Motive und Gemälde vergleichen.

Für die zeitgenössische Kunst allerdings spielt die Provence keine Rolle. Zwar hat sie seither viele Hobbykünstler angezogen und manch ernsthaften ebenso. Ihre kunsthistorische Blütezeit aber lag im 19. und Anfang des 20. Jahrhunderts.

KULTUR, DIE MAN NICHT VERPASSEN SOLLTE

Der Palais des Papes in Avignon

Weil der französische König Philipp der Schöne die Macht der Kirche für sich nutzen wollte, ließ er 1305 den Erzbischof von Bordeaux zum Papst Clemens V. wählen und in Avignon ansiedeln. Das war der Beginn einer Epoche, in der sich das kleine Städtchen an der Rhône in eine der schönsten Städte der Welt verwandelte. Ins Zentrum der Aufmerksamkeit gerückt, setzten die Stadtväter alles daran, das Bild Avignons zu seinem Vorteil zu verändern – und so entstand nach und nach die bis heute beeindruckendste Attraktion der Stadt: der Palais des Papes, der größte gotische Palast der Welt, der zwischen 1334 und 1370 in Rekordzeit erbaut wurde. In ihm residierten bis 1430 verschiedene Päpste und Gegenpäpste und ihre Gegenwart zog großartige italienische Maler wie Matteo Giovannetti und berühmte Dichter wie Petrarca an, verwandelte die Stadt in ein kulturelles Zentrum und ihre Gassen in ein spektakuläres Geäst aus Wohnhäusern, Kirchen, Türmen und Residenzen für die Kardinäle. Im Spätmittelalter war Avignon ein pulsierendes, sandfarbenes Kunst-, Handwerks- und Sündenbabel, in dem sich so viele Vertreter der Kirche, Künstler, Handwerker, Adlige, Kurtisanen und Papstgetreue ansiedelten, dass die Stadt auseinanderzubersten drohte und sich immer mehr ausweitete.

Wie die Altstadt gehört der Papstpalast heute zum Weltkulturerbe. Mit seinen zahlreichen Schießscharten, massiven Mauern und Pechnasen ähnelt er von außen einer Festung, die er auch war. Ein besonders geschickter Schachzug: Das Palais steht auf massivem Felsgestein, sodass im 13. Jahrhundert zahlreiche Versuche,

die Palastanlage mit Hilfe unterirdischer Gänge zu erobern, vereitelt werden konnten. Der zentrale Innenhof ist so groß, dass dort während des Festival d'Art Dramatique Konzerte, Opern und Theaterpremieren stattfinden. Ein Besuch ist eine wunderbare Gelegenheit, in der beeindruckenden Schönheit des Palastes mit seinen über 50 Meter hohen Türmen (Tour de la Campagne) zu schwelgen. Innen ist er eine beeindruckende, verwinkelte Anlage mit ineinander verschachtelten Räumen, überraschenden Übergängen und spektakulären Fluchten. Dort ist es allerdings eher leer, da ein Großteil der Möblierung während der Französischen Revolution wutentbrannt zerstört wurde. Was übrig blieb, fiel 1810 den Soldaten zum Opfer, die unter Napoleon in dem Palais untergebracht waren. Sie zerschlugen sogar zahlreiche Fresken und verkauften ihre Einzelteile. Besonders gut kann man die Zerstörung an den Fresken Giovannettis in der Chapelle Saint-Martial nachvollziehen, die bis zur Kopfhöhe, wohin die Soldaten ihre Werkzeuge ohne Mühe schwingen konnten, abgeschlagen sind.
Heute sind die Räume des Palais behelfsmäßig mit Papstporträts und Teppichen dekoriert.

Auch deshalb sind die Privatgemä-
cher der Päpste ein Höhepunkt jedes
Rundgangs, da deren mit Fresken
ausgemalte Räumlichkeiten weitge-
hend unversehrt sind. Im Schlafge-
mach sind die Wände mit Eichenlaub,
Eichhörnchen und Weinreben be-
malt. Außergewöhnlich ist besonders das sogenannte Hirschzimmer.
1343 wurde es nicht mit religiösen
Themen, sondern mit den damals
so populären weltlichen Jagdszenen
gestaltet: der Treib- und Falkenjagd,
dem Angeln und der Hirschjagd, bei
der man einen Windhund sieht, der
einen Hirsch mit den Zähnen reißt.
Wer diese wunderschönen Fresken
malte, ist unbekannt.

6, rue pente rapide, 84000 Avignon
Tel: 0033 (0)4 90275000
www.palais-des-papes.com
wechselnde Öffnungszeiten je nach
Saison (siehe Homepage)
Die Kasse schließt eine Stunde vor
Schluss.
Eintritt: 7,50 Euro bis 9,50 Euro
Tipp: Es lohnt sich, ein Kombiticket
mit dem Pont Saint-Bénézet. Ein Au-
dioguide auf Deutsch ist kostenlos
erhältlich.

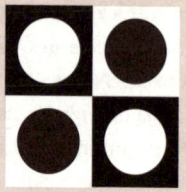

Fondation Vasarely

Schon das Gebäude macht dem Be-
gründer der Op-Art alle Ehre. Wie
ein ausgezogener Leporello, der mit
großen schwarz-weißen Kreisen
bedeckt ist, steht das Museum in
der sanften Landschaft von Aix-en-
Provence. 42 Monumentalwerke von
Victor Vasarely (1906 - 1997) sind dort
zu sehen. Der Ungar hat sich ganz
der menschlichen Wahrnehmung
und ihrer Irreführung verschrieben,
experimentierte mit „trompe-l'oeil"-
Effekten", mit grafischen Mustern
und Raum-Illusionen. Zweidimensi-
onales wird plötzlich dreidimensi-
onal, Skulpturen weisen scheinbar
in die Tiefe und schaut man länger
darauf, fangen sie, an vor den Augen
zu tanzen. Neben Vasarelys Arbeiten
sind auch Werke zeitgenössischer Kollegen und wechselnde Ausstellungen
zu sehen.
Vasarely selbst hat die Fondation
1976 gegründet. Bis heute finden dort
Kunstkurse und Seminare statt.

1, avenue Marcel Pagnol
13090 Aix-en-Provence
Tel: 0033 (0)4 42200109
www.fondationvasarely.fr
Januar – März: Mittwoch – Sonntag,
März – Dezember: Dienstag – Sonntag jeweils 10.00 – 13.00 Uhr und
14.00 – 18.00 Uhr
Eintritt: 9 Euro

Les Jardins d'Albertas in Bouc-Bel-Air
Die Geschichte des Gartens geht bis
1650 zurück. Doch in heutiger Form
angelegt wurde er im späten 18. Jahrhundert als Garten eines Schlosses,
das jedoch nie gebaut wurde. Ab 1900
verkümmerte die prachtvolle Anlage
mit ihren Beeten, Grotten und Fontänen, mit ihren Statuen von Herkules,
David und Gladiatoren, mit einem
zentralen Kanal und einer Mühle.
Erst 1949 griff der Staat ein und sub-
ventionierte die Pflege.
Heute sind die Gärten, die einen
pittoresk italienischen und französischen Stil kombinieren und zu den
beachtlichsten Frankreichs gehören,
ein beliebtes Ausflugsziel. In ihnen
kann man einen wunderschönen
Nachmittag verbringen.

RN8 - 13320 Bouc-Bel-Air
Tel: 0033 (0)4 42229471
www.jardinsalbertas.com

Mai – Oktober: Täglich 9.00 –
19.00 Uhr
Eintritt: 6 Euro

Musée départemental de
l'Arles Antique
Das Antikenmuseum ist ein überraschend moderner Bau, ein kühl
blaues und glänzendes Dreieck, das
der in Peru geborene Architekt Henri
Ciriani 1995 entwarf. Darin befindet
sich eine beeindruckende Sammlung antiker Kulturgegenstände und
Kunstwerke: Mosaikböden aus dem
2. Jahrhundert, wunderbar erhaltene
Skulpturen und zahlreiche Sarko-
phage.

Presqu'île du cirque romain
BP 205, 13635 Arles
Tel: 0033 (0)4 90188888
www.arles-antique.cg13.fr
März – November: 10.00 – 18.00 Uhr,
November – März: 10.00 – 17.00 Uhr,
Dienstag geschlossen
Eintritt: 6 Euro

Le Château du Roi René, Tarascon
Ein wunderschöner Bau, gut erhalten
und das Wahrzeichen von Tarascon.
Der Bau des Schlosses wurde um 1400
unter Ludwig II. von Anjou begonnen
und 1449 unter René I. abgeschlos-
sen, der hier glanzvolle Reiterfeste

veranstaltete. Bis heute hat man das Gefühl, dass gleich ein Ritter in Kettenhemd und mit Lanze um die Ecke galoppiert.

Das Château ist pittoresk ausgemalt und an den ehemaligen Kerkerwänden sind Schiffsdarstellungen zu sehen, die Gefangene dort hinterließen. Berühmt sind zudem seine prachtvollen Wandbehänge, darunter der „Wandteppich der Apokalypse". Dieser wurde 1357 vom Herzog von Anjou in Auftrag gegeben und ist das größte mittelalterliche Webstück der Welt.

13150 Tarascon
April – September: Täglich
9.00 – 19.00 Uhr, September – April:
Täglich 10.30 – 17.00 Uhr,
Montag geschlossen
Eintritt: 6,50 Euro

Saint-Paul-de-Mausole

Das ehemalige Kloster aus dem 11. Jahrhundert, das im 19. Jahrhundert in eine Nervenheilanstalt umgewandelt wurde, ist auch dafür berühmt, dass sich Vincent van Gogh dort ab 1889 ein Jahr lang behandeln ließ. Im Erdgeschoss hatte er ein eigenes Atelier, in dem er zahlreiche Bilder malte. Das Kloster hat einen wunderschönen romanischen Kreuzgang und herrliche Blumenrabatte. Es ist beeindruckend gut erhalten – mit Kirche, Kreuzgang und Stiftsgebäude, die auf Gemälden van Goghs wiederzuerkennen sind.

Route des Baux-de-Provence
13210 Saint-Rémy-de-Provence
Tel: 0033 (0)4 90927700
April – November: Täglich
9.30 – 19.00 Uhr, Dezember –
März: Täglich 10.15 – 16.45 Uhr

Ganz in der Nähe:
Ausgrabungsstätte Glanum

Eine Forumsanlage mit beeindruckend restaurierten Fragmenten, Thermen, einem Mausoleum, einem Triumphbogen und einem Zwillingstempel, den Kaiser Augustus erbauen ließ.

Bei einem Rundgang sind gleich drei Phasen der Stadtgestaltung nachzuvollziehen: eine griechische Ansiedlung mit großen Quadern, die römischen Gebäude, mit denen diese überbaut wurde, und die Epoche ab Ende des 1. Jahrhunderts, in der die Stadt eine große öffentliche Anlage bekam.

Der ca. 90 minütige Rundgang ist lediglich auf Französisch. Das Centre des Monuments Nationaux hat jedoch ein mehrsprachiges Informationsheftchen herausgegeben, das einen Überblick gibt.

Route des Baux-de-Provence
13210 Saint-Rémy-de-Provence
Tel: 0033 (0)4 90923507
April – Oktober: 9.30 – 18.30 Uhr,
Oktober – März: 10.00 – 17.00 Uhr
Eintritt: 7 Euro

Harmas – Insektenmuseum, Jean-Henri Fabre

Jean-Henri Fabre (1823 - 1915) stammte aus ärmlichen Verhältnissen und machte eine beachtliche Karriere. Er studierte, wurde Physikprofessor in Avignon und setzte sich so vehement für gleichberechtigte Bildung ein, dass er aus dem Dienst entlassen wurde.

Doch dann fing sein weltberühmtes Wirken erst an. 1879 ließ er sich in seinem Haus in Sérignan-du-Comtat nieder – und revolutionierte von dort aus die Erforschung der Insekten.

Mit Leidenschaft widmete er sich allem, was kreucht und fleucht, was winzig klein und schwer zu fassen ist. Doch anders als seine Kollegen tötete er die Tiere nicht, um sie dann aufgespießt zu betrachten. Er studierte die Insekten in freier Natur, in seinem „Feldlabor", wie er das Land um sein Haus herum nannte. Oder er separierte einzelne Tiere und beobachtete sie im Studierzimmer seines Anwesens Harmas und fertigte Verhaltensstudien an.

Er stellte Fossilien- und Mineraliensammlungen zusammen, hinterließ Boxen mit präparierten Insekten und zahlreiche Manuskripte. Diese erläutern die Physik, Chemie und Mathematik und liegen seinen Forschungen zu Grunde. Eine besondere Kollektion sind auch seine Pilz- und Kräuter-Aquarelle.

1922 hat das Nationale Naturkundemuseum Jean-Henri Fabres Anwesen gekauft und es der Öffentlichkeit mit all seinen Schätzen zugänglich gemacht.

Besonders schön ist es, vor oder auf einer Provence-Reise das Hauptwerk des Forschers, seine „Erinnerungen eines Insektenforschers" zu lesen. Ein hinreißendes, informatives und unterhaltsames Buch über seine Wanderungen durch die Provence und am Mont Ventoux entlang und über die Faszination von Skarabäen, Grabwespen, Bienen oder sonstigen Larven. Für seine Lebenserinnerungen wurde er sogar für den Literaturnobelpreis gehandelt.

Liebevoll wiederaufgelegt hat der kleine Berliner Verlag Matthes & Seitz Fabres Bücher. Die ersten wurden bei ihrem Erscheinen euphorisch bejubelt.

Cours Jean-Henri Fabre
84830 Serignan-du-Comtat
Tel: 0033 (0)4 90305762
www.mnhn.fr

April – Juli und September – November: 10.00 – 12.30 Uhr und 14.30 – 18.00 Uhr, Juli – September: 11.00 – 12.30 Uhr und 13.30 – 19.00 Uhr, Mittwoch, Samstag und Sonntag ganztägig geschlossen
Eintritt: 5 Euro

FESTE UND FESTIVALS

Ostern:
Féria de Pâques (Stierkampf) in Arles.

Mai:
Fête des Gardians. Buntes Folklorefestival mit einer Parade der Camargue-Cowboys, die vor der Kirche Notre-Dame de la Major erst samt ihrer Pferde den Segen erhalten und dann ihre Künste vorführen. Dazu gibt es eine Parade der schönen Arleserinnen in traditionellen Trachten und viel Musik. Ein Ereignis!
www.tourisme.ville-arles.fr

24./25. Mai:
Zigeunerwallfahrt in Saintes-Maries-de-la-Mer. Hunderte Familien des Fahrenden Volkes reisen an, um ihre Schutzpatronin Sara-la-Kâli zu ehren. Ein buntes Familientreffen und ein beeindruckendes Erlebnis! Am 24. Mai: Messe um vier Uhr nachts mit großartigen Gesängen und Lobpreisungen.

2. Juli:
Cocarde d'Or, Course Camarguaise in Arles. Der wichtigste provenzalische Stierkampf, bei dem eine Rosette von der Stirn des Stieres gepflückt wird und der ein unblutiges Familienereignis ist.

Juli:
Festival International d'Art Lyrique in Aix-en-Provence. Hochkarätige Opernaufführungen und Konzerte, die als provenzalisches Pendant zu

den Salzburger Festspielen gehandelt werden. www.festival-aix.com

Les Suds – heiße Rhythmen in Arles. Eine Woche lang beherrscht World Music die Stadt Arles auf zahlreichen Bühnen. www.suds-arles.com

Festival d'Art Dramatique Avignon. Das Festival in der Provence! Die ganze Stadt verwandelt sich in eine Bühne mit Gauklern, Clowns und Kleinkünstlern, die aus der ganzen Welt anreisen. Dazu gibt es große Produktionen auf zahlreichen Bühnen. www.festival-avignon.com

Juli bis August:
Pianofestival in La Roque d'Anthéron. Wunderkinder und Virtuosen aus aller Welt treten hier auf. Genießt unter Kennern Weltruf.
www.festival-piano.com

Mitte Juli bis August:
Chorégies d'Orange. Opernfestival im römischen Theater von Orange.

Juli bis September:
Festival Organa in Saint-Rémy. Orgelfestival mit großen Organisten in der Stiftskirche Saint-Martin in Saint-Rémy-de-Provence.

Les Rencontres d'Arles Photographie in Arles. Viel beachtetes Fotografiefestival mit Ausstellungen, Symposien und so vielen Besuchern, dass die Einwohnerzahl von Arles sich verdoppelt.
www.rencontres-arles.com

September:
Fête des Prémices du Riz. Reiserntefest in Arles.

Dezember:
Öl- und Trüffel-Fest. Die ersten Pressungen der Oliven und Trüffel in allen Variationen. Ein populäres Event auf dem Place Jeanne d'Arc in Aix-en-Provence.

Foires des Santos. Ausstellung der typisch provenzalischen Krippenfiguren in Arles.

24. Dezember:
Mitternachtsmesse. Die schönste und berühmteste findet im idyllischen Les Baux statt.

Die Provence ist bekannt für ihre zahlreichen Festivals. Der kostenlose Katalog „Terre de Festivals" liegt in Fremdenverkehrsämtern aus oder ist kostenlos bei CRT 61, la Canebière, 13231 Marseille zu bestellen.

Brunnen

In der Provence plätschert es überall: aus prachtvollen Fontänen, kleinen Zisternen, schlichten Wandbrunnen. Bis weit in das 20. Jahrhundert hinein war der Springbrunnen der Mittelpunkt des provenzalischen Dorflebens, der Ort, an dem man sich traf und austauschte. Je größer er war, desto reicher galt die Gemeinde, und konnte man es sich leisten, wurde er verziert: mit Wassergöttern, Nymphen, Delfinen, Kapitellen, Fröschen oder Schwänen.

In Lourmarin gibt es einen Brunnen, bei dem das Wasser aus dem Mund dreier Herren sprudelt und mittlerweile haben sich aus dem Moos gigantische Bärte an ihren Kinnen gebildet – eines der beliebtesten Fotomotive!

Bastide und Mas

In der Provence wohnen Sie in Bastides oder Mas.

La Bastide ist ein kleines Haus auf dem Land, meist mit ausgewogener, symmetrischer Fassade mit großen Fenstern, weitläufigen Räumen und hohen Decken. Manchmal führt eine Platanenallee zu ihr, plätschert ein pittoresker Brunnen in ihrem Hof und manchmal ist sie mit geschmiedeten Balkonen verziert. Eine Bastide war immer schon etwas Besseres, von Anfang an ausschließlich für Menschen gebaut – und das in einer Zeit, in der viele Landbewohner sich im Winter zwecks Wärmeaustausch das Dach mit ihren Tieren teilten.

Le Mas hingegen ist ein Landhaus, das ursprünglich zu einer Ansammlung landwirtschaftlicher Gebäude gehörte. Häufig ist es eher niedrig, hat grobe Steinwände und Fliesenböden und ist nach Süden ausgerichtet, um so dem Mistral den Rücken zuzukehren. Mas sind an die Landschaft und ihre Farben angepasst, fügen sich perfekt in die Umgebung ein und sind eine pittoreske Augenweide.

Bories

Was den Apuliern ihre Trullis sind, nennt sich in der Provence Bories: kleine Häuschen aus Hand verlesenen und perfekt aufeinander geschichteten Steinen. Sie halten ohne

Mörtel zusammen, werden von keinem Balken gestützt und sind so schlicht wie raffiniert. Einst waren die Bories Ställe, Wohnhäuser und Unterschlupf außerhalb des Dorfes, wenn die Pest drohte. Heute dienen sie den Bauern als Schuppen für ihre Erntegeräte – und sind längst ein Wahrzeichen geworden. Sie gehen wunderbar in der Landschaft auf. Und zwar alle der rund 3000, die jemand in der Provence gezählt haben will.

Bei Gordes ist die Villages de Bories (im Sommer 9.00 – 17.30 Uhr, Eintritt 5 Euro) zu besichtigen, ein ganzes Bories-Dorf mit Häusern und Ställen.

Ocker

Rund um Roussillon und zwischen St. Pantaléon und Gignac zieht sich über eine Länge von 25 Kilometern ockerhaltiges Gestein. Eisenoxide verursachen die Tönungen, die von Gold über Rotbraun bis hin zu Violett reichen. In Roussillon erstreckt sich ein touristischer Trampelpfad zu Ausblicken auf die Landschaft. Aber auch von anderen Punkten hat man einen guten Ausblick auf die zerfurchte Landschaft, in der Ocker seit 1780 abgebaut wird. Besonders schön sehen die Färbungen beim Sonnenuntergang aus, dann „glühen" sie nahezu.

Im Ockerbruch von Rustrel sind besonders toll geformte Felsen zu bestaunen.

Santons – Krippenfiguren

Diese ganz „alltäglichen Heiligen" werden zu Weihnachten um das Jesuskind in der Krippe drapiert. Die handgemachten Tonfiguren stellen ganz normale Aktivitäten und Berufe dar. Eine Frau rührt Aioli an, eine andere trägt Brot. Schmieden kann man bei der Arbeit zusehen, ebenso Bäckern, Winzern, Schneidern, Trüffelsuchern und Kastanienverkäufern. Die Santons, was soviel wie „kleine Heilige" bedeutet, entstanden während der Revolution 1789 als die Kirchen geschlossen waren und man zu Hause selbst kleine Krippen nachbaute.

Normalerweise werden sie nur zu Weihnachten aufgestellt. Erst Tag für Tag die Santons, die oft auch ein Familienmitglied repräsentieren, und am 24. als Höhepunkt das Jesuskind. Heute aber sind sie als Dekoration manchmal – und für die Touristen – das ganze Jahr über zu sehen.

Aioli

Grand aioli heißt ein Fastengericht, das sich im Laufe der Zeit in ein wahres Festmahl verwandelt hat. In dessen Mittelpunkt steht reichlich Aioli, eine cremige kalte Paste aus Knoblauch, Olivenöl und Salz. In der Provence besteht sie bestenfalls aus weißem Knoblauch, der in Vaucluse angebaut wird. Frisch geerntet wird er im Juni.

Umgeben ist die Aioli von diversen Zutaten – von Stockfisch, manchmal Schnecken oder Muscheln, immer hartgekochten Eiern – und vor allem von Gemüse: Artischocken, Zucchini, Möhren, Staudensellerie, Bohnen, Fenchel, weiße Rübchen, Brokkoli, Kartoffeln oder was die Saison sonst zu bieten hat. Alles wird einfach in Salzwasser gegart, abgetropft und lauwarm mit der darüber geträufelten Aioli serviert.

Anchoiade

Die Paste aus Sardellen, Knoblauch und Olivenöl lässt sich wunderbar auf geröstetes Brot streichen oder wird als Dip für rohes Gemüse verwendet. Selber machen können Sie sie je nach Geschmack mit einer variablen Menge Knoblauch. Falls die Sardellen Ihnen zu salzig sind, spülen Sie sie mit Wasser ab oder legen sie in Milch ein.

Caviar d'Aubergine

Caviar d'Aubergine gilt als der Arme-Leute-Kaviar, der aus den Samen der Aubergine gemacht wird. Angeblich soll dieser Samen dem des Störs ähneln. Die Paste ist eine tolle Vorspeise – pur oder auf geröstetem Brot. Sie ist leicht herzustellen. Grillen Sie eine Aubergine (nicht ohne sie vorher einzustechen, damit sie nicht platzt), schaben Sie anschließend das Fruchtfleisch heraus, mischen Sie es mit Olivenöl, Zitrone, Salz und Pfeffer.

Es gibt viele moderne Variationen, aber die klassische Version ist die beste, denn so schmeckt der „Caviar" am intensivsten nach Aubergine und nach dem Rauch des Grills.

Herbes de Provence

Seit die Römer vor 2000 Jahren die Wälder der Provence rodeten, gehören Thymian, Rosmarin, Salbei,

Bohnenkraut, Fenchel und Lavendel zur natürlichen Flora der Provence.

Herbes de Provence bestehen aus einer Mischung aus drei oder vier dieser Kräuter, je nach Belieben komponiert. Immer dabei sind Thymian und Rosmarin, oft Majoran und Bohnenkraut, bisweilen Salbei und Lorbeer. Doch die Herbes de Provence sind nicht unumstritten. Viele französische Köche schwören auf die Intensität der einzelnen Kräuter und weigern sich, sie zu vermischen. Oder sie bestehen auf ihre eigene Komposition, die der klassischen Herbes-de-Provence-Mischung aber oft nicht unähnlich ist.

PASTIS
de France

Pastis

In den 20er Jahren schmeckte der Pastis in jeder Bar ein wenig anders. Alkohol, Wasser, Anis, Lakritz und ein wenig Zucker waren darin – und diverse Kräuter. Das alles mixte der Wirt je nach Gusto zusammen.

Ob dieses Eklektizismus witterte der junge Paul Ricard seine Chance. Eigentlich wollte er Maler werden, doch stattdessen musste er im Weinhandel seines Vaters arbeiten und das lenkte seine Kreativität in neue Bahnen. In monatelangen Experimenten entwickelte er den Ricard, begann 1932 im elterlichen Hinterhof mit dessen Produktion und startete somit eine grandiose Erfolgsgeschichte.

Mit seinem lakritzartigen Geschmack erinnert die Komposition an Absinth und wurde zum beliebtesten Aperitif der Franzosen.

Pastis wird immer verdünnt getrunken, mit Eiswasser, aber nie mit Eiswürfeln, da sie eine Absonderung des Anethol bewirken. Selbst die Flaschen dürfen nicht kühl stehen. Durch die Kristallisierung des im Pastis enthaltenen Minzöls entsteht bei der Zugabe des Wassers die charakteristische trübe Farbe.

An manchen Orten gehört der edle Pastis à l'Ancienne zum Angebot. Dieser allerdings wird lediglich mit einem Eisstückchen verlängert – und auf keinen Fall und nie mit Wasser. Wie auch der klassische Pastis ist dieser eine Köstlichkeit zum frühabendlichen apéro.

Pistou

Bei dieser Gemüsesuppe klingen italienische Wurzeln an. Doch während das pesto italiano eine Paste ist, die aus Basilikum, Pinienkernen, Olivenöl, Parmesan oder Pecorino besteht, werden beim provenzalischen Pistou die Pinienkerne durch Knoblauch ersetzt. In die provenzalische Gemüsesuppe soupe au pistou gerührt, bekommt diese eine wunderbar kräftige Würze.

Calissons

Über die rautenartige Form der Calissons gibt es viele Spekulationen. Sie soll an die Schiffe Südfrankreichs angelehnt sein oder auch an die Weberschiffchen, mit denen die Fischer ihre Netze flickten. Oder ist sie einem Heiligenschein nachempfunden? Oder einfach nur den Mandeln, aus denen Calissons hauptsächlich bestehen? Auf jeden Fall ist sie eine jahrhundertealte Köstlichkeit aus Aix-en-Provence. Serviert wurde sie bereits beim Hochzeitsfrühstück von Jeanne de Laval und König René I. 1454. Angeblich wollte der Hofbäcker die betrübte Miene der Braut mit der Süßigkeit etwas aufhellen und hat sie eigens dafür erfunden. Herstellung und Zutaten, zu denen neben Mandeln kandierte Melonen gehören, werden bis heute streng überwacht und allzu gewagte Sprünge in Sachen Aroma sind ebenso wenig erlaubt wie Konservierungsmittel oder künstliche Farbstoffe. Sie sollten es sich nicht entgehen lassen, im Schatten der Platanen ein Päuschen einzulegen und sich dabei ein paar wunderbar weiche Calissons zu gönnen.

Tapenade

Die dunkle, fast schwarze und salzige Paste besteht hauptsächlich aus Oliven, Olivenöl und Kapern und ist dünn auf Weißbrot gestrichen genauso köstlich wie zu Geflügel, Fisch, Tomate oder Ziegenkäse.

Auch „schwarze Butter der Provence" genannt, wird sie oft als Appetizer gereicht, da sie nicht nur kräftig schmeckt, sondern genauso kräftig den Appetit anregt.

Neben Kapern variieren die Zutaten. Aber bis heute zählt das Rezept des Marseiller Küchenchefs Meynier, der die Tapenade vor über 100 Jahren erfand, zu den besten. In seine Tapenade gehören 100 Gramm entkernte Oliven, 100 Gramm Kapern, 50 Gramm Sardellenfilets (ungesalzen), ein wenig Thunfisch in Öl, ein Teelöffel Senf, Salz, Pfeffer und Kräuter wie Thymian, Rosmarin, Estragon oder Basilikum. Alles rührt man unter Zugabe von Olivenöl zusammen – et voilà!

Huile d'olive

Gemessen an der Olivenölproduktion im Mittelmeerraum ist die Provence unbedeutend. Gerade drei Prozent stammen aus der Region. Doch für Frankreich ist sie der Öllieferant Nummer Eins. Die Hälfte aller französischen Olivenöle wird hier hergestellt – und dazu welche, die zu den besten der Welt gehören.

Auf der südlichen Seite der Alpilles liegt eines der größten Olivenanbaugebiete und einige berühmte Olivenölmühlen im Vallée-des-Baux um Mouries und Maussane-les-Alpilles.

Der Boden der Region ist zwar nicht allzu nahrhaft, aber kalkhaltig und die Temperaturen liegen um die idealen 20 Grad. Dort gedeihen die Bäume, die ungefähr zwölf Liter Öl pro Baum liefern. Zu ihnen gehört u. a. das Olivenöl von Les Baux, das mit dem Gütesiegel AOC (Appellation d'Origine Contrôlée) ausgezeichnet ist.

Besonders gut ist auch das Olivenöl La Fabresse des „Newcomers" Jean-Philippe Montagard (Rue de la Gare, 13810 Eygalières). In Saint-Rémy betreibt er zusätzlich einen kleinen Laden (siehe Geschäfte in Saint-Rémy). Das Olivenöl aus Nyons ist eine Spezialität, da die schwarzen Früchte in Meersalz eingelegt werden.

Egal, von welchem Anbieter Sie das Öl kaufen: Achten Sie immer darauf, dass es sich bei dem Öl um die erste Kaltpressung (Vierge extra, première pression à froid) handelt.

Roséweine

Kein Sommer in der Provence ohne Rosé. Lange galt er als erfrischender, aber ziemlich bescheidener Begleiter zu Fisch und leichten Sommersalaten, umkompliziert aber auch etwas schlicht. Doch mit dem Image des Rosés geht es in den letzten Jahren stetig bergauf. Immer raffiniertere Roséweine kommen auf den Markt – und bei dem internationalen Wettbewerb Le Mondial du Rosé, haben provenzalische Rosés die Hauptpreise abgeräumt. Viele junge, ambitionierte und auch so manche ökologisch bewusste Önologen haben in den letzten Jahren in der Provence Weingüter übernommen und dort können Sie wunderbare Erfahrungen machen. Dazu gehören leichte und frische Begleiter zum Mittags-Menü, von fast weißer Farbe über kräftiges Rosa zu Orange-Braun, fruchtig, nicht tiefgründig, aber mit dem wunderbaren Geschmack des Sommers. Zu empfehlen ist der Rosé der Domaine Richeaume ebenso wie der Château de Canorgue oder der Côtes du Luberon Rosé vom Château la Dorgonne.

CHÂTEAUNEUF DU PAPE

Châteauneuf-du-Pape

Das Mekka der Weinliebhaber sind die Hänge, die sich im Schatten der Papstburg um den Hang von Châteauneuf-du-Pape schlängeln. Der Boden ist mit einer Schicht Kalksteinkiesel übersät, die tagsüber die Sonnenstrahlen speichern und nachts damit die Wurzeln der Rebstöcke wärmen. Dadurch bilden sie die Grundlage für den herrlich dunklen, satten und üppigen Wein, der nicht nur im Besitz der Päpste war, sondern ihnen auch ausgesprochen gut schmeckte.

Da die Päpste zu ihren morgendlichen Messen auf etwas leichteren Wein Wert legten, gibt es auch mehrere weiße Châteauneuf-du-Pape-Weine.

In und um Châteauneuf-du-Pape liegen zahlreiche Weingüter und auch in dem mittelalterlichen Dorf selbst bieten sich einem viele Möglichkeiten zur Degustation. Manchmal fällt es schwer manchen Nepp, auch wenn er in der Minderheit ist, von seriösen Angeboten zu unterscheiden. Die Degustion sollte auf jeden Fall kostenlos sein.

Wollen Sie sich nicht von Anbieter zu Anbieter kosten, bietet die Vinadéa (8, rue Maréchal Foch, Châteauneuf-du-Pape) eine Auswahl von über 75 Weingütern.

Märkte sind aus der Provence nicht wegzudenken und so berühmt, dass Gilbert Bécaud sie sogar in einem Chanson besang.

Die Märkte sind ein Erlebnis. Manche sind schon zu touristisch, aber die meisten einfach bunt, laut und voller Köstlichkeiten der Region. Und sie sind ein historisches Gut. Wie der Markt in Apt, dessen Geschichte sich bis ins 12. Jahrhundert zurückverfolgen lässt und seit 1504 aktenkundig ist. Er findet immer samstags statt. Aber quel malheur: 2009 wurde eine Studie veröffentlicht, die besagt, dass erstmals knapp über 50 Prozent aller Lebensmittel in der Provence im Supermarkt gekauft wurden. In der Region löste das fast eine Volkstrauer aus. Gemessen am Rest der Welt sind die knapp unter 50 Prozent Markteinkäufe aber immer noch eine unglaubliche Zahl.

Hier ein Wochen-Überblick:

Montag: Bédoin, Cadenet, Cavaillon, Fontvieille, Forcalquier, Goult, Lauris, Saint-Didier, Saint-Saturnin-les-Avignon

Dienstag: Aix-en-Provence, Baumes-de-Venise, Caderousse, Cucuron, Fontaine-de-Vaucluse, Gordes, La Tour-d'Aigues (vor beeindruckender Schlossruine), Mondragon, Tarascon, Vaison-la-Romaine

Mittwoch: Aigues-Mortes, Bagnols-sur-Cèze, Buis-les-Baronnies, Gargas, Le Thor, Malaucène, Mérindol, Rognes, Saint-Rémy-de-Provence, Salon, Sault, Valréas, Velleron

Donnerstag: Aix-en-Provence, Ansouis, Aubignan, Le Baux, Cairanne, Caumont-sur-Drance, Le Pontet, Maussane-les-Alpilles, Mirabeu, Nyons, Orange, Roibon, Villeneuve-les-Avignon

Freitag: Bonnieux, Carpentras, Châteauneuf-du-Pape, Courthézon, Eygalières, Lagnes, Lourmarin, Suze-la-Rousse, Visan

Samstag: Apt, Beaumont, Camaret, Cheval Blanc, Crillon-le-Brave, Mornas, Oppède, Pernes-les-Fontaines, Richerenches, Sainte-Cécile-les-Vignes, Saint-Martin-de-la-Brasque, Sommières, Uzès

Sonntag: Aigues-Mortes, Camaret, Châteaurenard, Jonquières, L'Isle-sur-la-Sorgue, Mormoiron, Sorgues

Besonders empfehlenswert: die provenzalischen Bauernmärkte von Coustellet (Sonntag 9.00 – 13.00 Uhr) und Velleron (im Sommer täglich ab 18.00 Uhr, außer sonntags und feiertags)

FLORA & FAUNA

Die Wälder der Provence sind ein dunkelgrüner, dichter und etwas stachelig wirkender Augenschmaus. Natürlich herrschen Pflanzen vor, die mit wenig Wasser auskommen, viele von ihnen sind immergrün und zusammen formen sie den dunkelgrünen Maquis.

Macchie und ihr kleiner Verwandter Garrigue herrschen vor, Schirmkiefern und Zypressen. Die Steineiche mit ihren Blättern, die von oben glänzend grün und unten gräulich sind, trotzt jedem Klima und sorgt auch im Winter in manch karger Landschaft für grüne Tupfen.

In den Städten hingegen herrschen Platanen mit ihren breiten Kronen und sich schälenden schwarzweißen Stämmen vor. Sie sind zu eindrucksvollen Alleen angepflanzt, säumen prunkvolle Auffahrten und spenden in Innenhöfen charmant gesprenkelten Schatten.

Lavendel

Untrennbar gehört der Lavendel zur Provence: vor allem die atemberaubenden Bilder der blauen, lila- oder malvenfarbenen Felder, deren Büsche sich ins Unendliche zu ziehen scheinen, umgeben von alten Gemäuern und Berglandschaften.

Der Lavendel, lavande, blüht im Juli und August und man kann mit seiner schönsten Verfärbung mitwandern: Anfang Juli aus den Vorläufern des Luberon und um Orange bis Mitte August in die Gegend hinter Manosque.

Doch mit der Ernte ist der Zauber des Lavendels noch nicht vorbei. Wenn die endlos langen Lavendel-Reihen abgeerntet sind, die Büschel auf den Höfen gestapelt und die Blüten destilliert oder anders verarbeitet werden, dann weht von den hochprovenzalischen Dörfern ein betörender Duft ins Land.

Bei den Pflanzen unterscheidet man zwischen „echtem" Lavendel und dem gezüchteten Lavandin. Er ist eine Kreuzung aus dem echten Lavendel und Aspiklavendel, garantiert einen schnellen und wesentlich höheren Ertrag als der echte – und einen weniger vollen Duft.

Der „echte" Lavendel hingegen, der lavande fine oder auch superbleue genannt, wächst wild in kleinen Büscheln und am liebsten in 500 bis 1.500 Meter Höhe. Er muss mit der Sichel geerntet werden und der Ertrag ist sehr bescheiden.

Oft wächst er an Hängen, wie in den Bergen von Albion und Lure bei Sault und er ist als einziger für das AOC Gütesiegel qualifiziert.

Lavendel gilt als Allheilmittel von Magenbeschwerden über Schwindel bis hin zum Wurmbefall. Er lindert Halsschmerzen, Erkältungen, Migräne, desinfiziert Wunden, beruhigt Ekzeme und, zerreibt man einige Blüten auf der Haut, hält er auch Insekten ab.

Die Provenzalen lieben den Lavendel, der ursprünglich aus Persien und von den Kanarischen Inseln kommt. Sie haben eine Lavendel-Vereinigung, feiern Lavendelfeste, machen Lavendelausstellungen und haben sogar ein Lavendel-Museum in Coustellet im Vaucluse eröffnet. Und sie haben ihn zum festen Bestandteil ihrer Küche gemacht. Nicht nur in Kräutertees und Lavendelhonig, sondern auch in Lavendeleis und Sorbets wird er verarbeitet. Sie verwenden das blaue Kraut auch zur Verfeinerung von Crème brûlée, geben ihn zur Lammkeule oder fügen ihn Ziegenkäse hinzu.

Um Nyon sind viele Lavendelfelder zu sehen, bekannt ist der Lavendel rund um die Abtei von Sénanque und einen tollen Blick auf die Lavendel-Pracht hat man vom Plateau d'Albion in Sault.

Wer nicht genug von dem blauen Kraut bekommt, das aus derselben Familie wie Thymian und Rosmarin stammt, kann sich auf eine touristische Lavendel-Route begeben:

www.routes-lavande.com

Musée de la Lavande
Route de Gordes - D2, 84220 Coustellet
Tel: 0033 (0)4 90769123
www.museedelalavande.com

Mimosen

Wenn die ganze Provence im grau trüben Winterschlaf liegt und sich erst langsam und mit zarten Knospen auf den Frühling vorbereitet, ist er in Bormes-les-Mimosas bereits ausgebrochen. Wunderbare gelbe Mimosen, nur ein paar zarte Zentimeter hoch oder bis zu meterhohen Bäumchen gesprossen, überziehen die Landschaft und besprenkeln sie wie abertausend kleine Sonnen.

Über 60 Akazienarten blühen bis Mitte März und dieses kleine Winterwunder hat die Gegend so berühmt gemacht, dass es nicht nur ein Mimosenfest gibt, sondern mittlerweile auch eine Mimosenroute. In der Mimosen-Hauptstadt Bormes-les-Mimosas beginnt sie, führt 120 Kilometer meist an der Küste entlang ins Département Alpes-Maritimes und bis zur Endstation Grasse.

- -
BUCHTIPPS
- -

Das ermordete Haus,
von Pierre Magnan
Das wohl bekannteste Buch von Pierre Magnan, einem schriftstel-

lernden Heiligtum der Provence, der 1922 in Manosque geboren wurde. In seinem Krimi um Rachsucht und Rivalität wird in einem Landhaus in der Haute Provence eine ganze Familie ausgelöscht. Einziger Überlebender: der Säugling Séraphin. 20 Jahre später kehrt er in sein Heimatdorf zurück und trägt das Haus seiner Eltern Stein für Stein ab, um endlich Erlösung zu finden. Stattdessen aber stößt er auf eine Dose mit Goldstücken und Schuldscheinen – und Hinweisen auf die vermeintlichen Mörder.

Barock malt Magnan die Geschichte aus und zieht wie in einem Sog den Leser in sie hinein, er beschwört düstere Atmosphären – und die Kraft der Liebe.

Der Trüffelsucher,
von Gustaf Sobin

Ein Buch, so geschrieben als drücke man selbst gerade seine Nase in frische provenzalische Erde, als zerreibe man die Schale von Trüffeln zwischen seinen Fingern, von Mandeln und Pfirsichen und erinnere sich daran, wie allumfassend Leidenschaft sein kann. Die empfindet Cabassac, Professor an der Universität von Avignon nach und nach für seine junge Studentin Julietta. Gemeinsam ziehen sie sich in sein verfallenes Landhaus zurück, erforschen die Spuren der ausgestorbenen Sprache der Provence und die der Trüffel. Als das Schicksal über die Liebenden hereinbricht, gibt Cabassac nach und nach sein Leben auf, flüchtet sich in seine Erinnerungen und entdeckt, dass er sie durch den Genuss von Trüffeln noch intensivieren kann.

FILMTIPPS

Swimming Pool (2002),
Regie: François Ozon

Liebesreigen und Künstlerwahn in einem abgelegenen Landhaus im Luberon. Dorthin ist die Schriftstellerin Sarah (Charlotte Rampling) auf der Suche nach Ruhe von ihrem Verleger eingeladen worden. Doch schon am zweiten Tag reist die junge Julie (Ludivine Sagnier) an. Erst ist Sarah wütend, doch dann baut sie die männermordende Schönheit in ihren Roman ein. Letztendlich weiß man nicht mehr, auf welcher Ebene man sich befindet. Noch in der (Film)-Realität, in Sarahs Gedanken oder im

----

Roman? Ein meisterliches Verwirrspiel des jungen François Ozon, das in Cannes 2003 gefeiert wurde.

Der Husar auf dem Dach (1995), Regie: Jean-Paul Rappeneau

Ein opulenter Historienfilm mit Juliette Binoche und Olivier Martinez, der zu Zeiten der Cholera 1832 in Vaucluse, Alpes-de-Haute-Provence und Bouches-du-Rhône spielt. Häscher sind dem Freiheitskämpfer Angelo Pardi auf den Fersen, der erst in Manosque im Haus von Madame de Théus Unterschlupf findet und schließlich mit ihr flüchtet. Natürlich verliert er sein Herz an die mutige und unkonventionelle Frau. Doch dann erkrankt auch sie an der Cholera ...

Bei der Verleihung der Césars 1996, dem französischen Oscar, war der Film gleich für zehn Preise nominiert. Unter anderem erhielt der Kameramann Thierry Arbogast einen César für seine großartigen Bilder.

Ein gutes Jahr (2006), Regie: Ridley Scott

Auf den Bestseller „Ein guter Jahrgang" von Peter Mayle folgte 2006 die Hollywood-Verfilmung. Russel Crowe spielt darin einen gestressten Londoner Geschäftsmann, der überraschend das Weingut seines Onkels Henry in der Provence erbt. Er reist dorthin, will zwischen zwei Businessterminen schnell den Verkauf abwickeln – und erliegt stattdessen der Schönheit der Natur und der temperamentvollen Kellnerin Fanny (Marion Cotillard). Ridley Scott schwelgt in der Postkartenschönheit der Provence mit Weinbergen, Keltereien, verwunschenen Gärten, herrlich lebendigen Cafés und dem savoir vivre. Der Film wurde in und um Gordes gedreht, wo Regisseur Ridley Scott zeitweise auch selbst lebt.

PROVENZALISCHE PERSÖNLICHKEITEN

Frédéric Mistral (1830 - 1914)

Frédéric Mistral gilt als Wiederentdecker der provenzalischen Kultur. 1830 als Bauernsohn geboren, beschäftigte er sich nach seinem Jurastudium in Aix-en-Provence mit der Erneuerung der Literatur und Kultur seiner Heimat. Er gründete die literarische Aktionsgemeinschaft „Félibrige", schrieb provenzalische

Lebens- und Liebesgeschichten und veröffentlichte 1878 mit dem „Lou Tresor dóu Félibrige" das bis heute wichtigste Wörterbuch der provenzalischen Regionalsprache. Zudem schrieb er die provenzalische Hymne „Coupo Santo" und 1859 das provenzalische Epos „Mirèio". 1904 erhielt er den Literaturnobelpreis. Mit dem Preisgeld baute er das 1896 gegründete Museon Arlaten (29-31, rue de la république, 13200 Arles) aus. Das Museum beherbergt eine großartige Sammlung an provenzalischer Volkskunst, Trachten und Alltagsobjekten. Sie sollten diesem unbedingt einen Besuch abstatten.

1914 starb Mistral und bis heute ist er ein Volksheld in der Provence. Auf dem Place du Forum in Arles steht sein Denkmal und bei jeder wichtigen Féria verneigen sich dort die Stierkämpfer. Es gibt sogar einen Radiosender, das Radio Mistral Provence, das nach ihm benannt ist und die regionale Sprache pflegt.

Paul Cézanne (1839 - 1906)

Ganze 46 seiner 67 Lebensjahre verbrachte Paul Cézanne in der Provence und er sagte über seine Heimat: „Es gibt nichts, was sich damit vergleichen lässt. Wenn man hier geboren wurde, kommt man nie mehr davon los." Und auch seine Heimat kommt nicht mehr von ihm los. Viele Routen, Museen, Gedenktafeln und Bilder erinnern an ihn – vornehmlich in Saint-Rémy und in Aix-en-Provence. Besonders schön: Im Musée Granet (Place Saint Jean de Malte, 13100 Aix-en-Provence), das bedeutende archäologische Exponate wie keltische Kriegerskulpturen und -köpfe besitzt sowie Werke von Ingres und Géricault, sind als Leihgabe aus dem Louvre in Paris neun Gemälde von Paul Cézanne zu sehen.

Dabei ging es ihm zu Lebzeiten ähnlich wie van Gogh in Arles. Verschmäht wurde Cézanne in Aix-en-Provence, als Schmutzfink beschimpften ihn die feinen Bürger und sie konnten nicht begreifen, wie meisterhaft war, was er auf die Leinwand brachte.

Allein 60 Ansichten des Mont Sainte-Victoire bei Aix-en-Provence malte er, um der majestätischen Schönheit des Berges nahe zu kommen. Bilder, die den Kubismus schon ahnen ließen und dessen visionäre Kraft man dort noch nicht verstand. Während einem seiner Mal-Ausflüge in die Natur geriet Cézanne 1906 in ein Unwetter und starb wenig später an einer Lungenentzündung.

Peter Mayle (*1939)

Ja, ja, eigentlich ist er Brite. Aber seit Peter Mayle 1987 in die Provence zog und launige Romane über seine Wahlheimat schreibt, hat er ihr zu literarischem Weltruhm verholfen. Einen Bestseller nach dem anderen liefert Mayle ab, so beispielsweise „Mein Jahr in der Provence", „Hotel Pastis" oder „Trüffelträume". Natürlich blühen in ihnen die Klischees über griesgrämige Franzosen, klappernde 2CVs, Rotwein am Vormittag und anderes savoir vivre. Nichts, was nicht stimmt, nichts, was man vorher nicht schon gewusst hätte. Doch Mayle verpackt es mit so viel liebenswürdigem, augenzwinkerndem Humor, dass seine Fans gar nicht genug davon bekommen können. Auch nicht von ihm. Vor ein paar Jahren wurde der Starkult um ihn so groß, dass er in die USA flüchtete. Mittlerweile ist er aber längst in seine heissgeliebte Wahlheimat zurückgekehrt. Zurückgezogen lebt er heute in Lourmarin – und glaubt man der Gerüchteküche, zusammen mit einer Enkelin von Albert Camus.

GRUNDSÄTZLICHES ZU DEN ÖFFNUNGSZEITEN

Restaurants: sind oft Sonntagabend geschlossen, ebenso meist am Montag und drei bis vier Wochen im August, manche auch über den Winter.

Geschäfte: haben meist von 9.00 – 12.00 Uhr und von 14.00/15.00 – 19.00 Uhr geöffnet, oft auch länger, manche Supermärkte bis 21.00 Uhr. In kleineren Ortschaften haben Boulangerien und kleine Läden oft Sonntagmorgen auf, Montag dafür geschlossen. Generell aber sind die Öffnungszeiten variabel, da es keine gesetzlichen Vorschriften gibt.

Museen: meistens Dienstag geschlossen, sonst in der Regel 10.00 – 12.00 Uhr und 14.00 – 17.00 Uhr geöffnet.

Märkte: meistens 8.00 – 12.00 Uhr.

Post: Montag – Freitag 8.00 – 12.00 Uhr und 14.00 – 19.00 Uhr, Samstag 8.00 – 12.00 Uhr.

Banken: in der Regel Montag – Freitag 9.00 – 12.00 Uhr und 14.00 – 16.00 Uhr.

MEINE PERFEKTE WOCHE

Montag:

_____

_____

Dienstag:

_____

_____

Mittwoch:

_____

_____

Donnerstag:

_____

_____

Freitag:

_____

_____

Samstag:

_____

_____

Sonntag:

_____

_____

NOTIZEN

NOTIZEN